JN096717

SNE ジャーナル

第 26 巻第 1 号　2020.10

特　集：「障害」から問い直す特別ニーズ教育

書　評

SNE ジャーナル, 26(1), 2020, 1 - 3　　　　　1

特集にあたって

「障害」から問い直す特別ニーズ教育
―障害論とニーズ論の接点―

澤 隆史

（東京学芸大学）

　本学会の機関誌である『SNE ジャーナル』第25巻では、日本特別ニーズ教育学会第24回研究大会での課題研究の成果を踏まえ、"改めて「特別ニーズ教育」とは何か"という特集テーマの元、特別ニーズ教育の概念に関する整理、現状、展望が論考された。そこでの主な論点は、我が国における特別支援教育の展開と成果の分析を踏まえつつ、特別支援教育では対処しきれないニーズや支援を要する子どもが存在することを確認し、特別ニーズ教育を広義に捉え、「学習と発達への権利」を保障する上での学校教育の機能向上の必要性を指摘することにあった。2007年の法改正により本格実施が開始された特別支援教育では、従来の障害種に加え、その対象を発達障害にも広げるとともに、インクルーシブ教育の理念の元に通常の学校で学ぶ障害児への教育・支援の充実を目指している。一方で、特別支援教育はカテゴリー別障害児教育とも解釈され、清水（2019）が指摘するように、社会システムモデルで考察できる不登校、要日本語指導、夜間中学、貧困、虐待、LGBTなど、障害以外の理由で学習や生活上の困難を有している者への教育や支援を包含しきれない面を有している。障害を核とした特別支援教育を包含しつつ、より広くきめ細かい支援を目指す特別ニーズ教育を進めていく上では、学校教育システムの工夫や改変とともに、学校以外のリソースを活用した構想の変換が求められるだろう。

　特別ニーズ教育の概念や在り方を探求し研究することを目的とする本学会では、このような問題意識を踏まえて、近年、「マイノリティの視点から見た特別ニーズ教育と学校（第24巻）」、「貧困と特別ニーズ教育（第23巻）」「特別ニー

ズのある子どもの身体問題と発達支援（第22巻）」、「特別支援教育時代におけ
る多職種連携（第16巻）」等のテーマを特集し、考察を深めてきた。これらの
テーマは、学校教育現場における喫緊の課題として関心を集め、発達障害への
対応とあわせて通常の学校におけるインクルーシブ教育の実現に向けての重要
な視点として一層の探求が必要である。

　一方、制度の改定によって盲・聾・養護学校が特別支援学校として一括化さ
れ、発達障害児等へと対象を拡大し、さらに学習上および生活上の困難を有す
るすべての子どもへの教育・支援を求めていく中で、それぞれの「障害」や
「障害特性」に応じた教育への関心が薄れていくことが危惧される。視覚障害
教育や聴覚障害教育の領域は、従来、障害特性に応じた指導の工夫を重ね発展
してきた経緯があるが、単一障害から複数の障害に対応するための特別支援学
校への変換を期に、障害に応じた指導の専門性を担保することが難しくなりつ
つある。一方では、視覚・聴覚の単一障害を対象とする特別支援学校での障害
の重度重複化が進んでおり、単一障害に特化した指導のみでは対応できない子
どもが増えている。医療的ケアが必要な子ども、重度重複障害の子ども、病弱
の子どもなどに対しては、障害そのものの深い理解とそれぞれの特性に応じた
指導・支援が必要とされるが、通常の学校はもとより特別支援学校においても
配慮や環境整備が十分であるとは言い難い現状である。また障害を保障するデ
バイスやICTの進歩、薬物の使用、遺伝子解析やカウンセリングの広まりと障
害の超早期発見などによって、障害特性の現れ方やとらえ方が多様化しつつあ
り、情報化の進展に伴って社会生活スタイルも時々に変化している。このよう
な状況の中で、障害を含む「個体」と障害児を取り巻く「環境」の両方の構成
要因の概念変化や現状を踏まえたニーズの分析が求められるだろう。渡部
(2019) が指摘するように、両要因の相互作用からニーズを動的に捉えること
の重要性を鑑みた際、今一度、「障害」という視点に立ち返り、特別ニーズ教
育の在り方について問うてみる必要があると考える。障害に関する科学的知見
に照らしながら、特別支援学校や通常の学校における子どもの実態とその捉え
方、現代社会の中で求められるニーズ、そしてニーズに対応するための教育・
支援の在り方について論考することが本特集の主旨である。

　本特集では、清水 (2019) において言及されたいわゆる障害カテゴリーのう

ち、「知的障害」「聴覚障害」「病弱」「重度重複障害」を取り上げ、それぞれの教育を取り巻く最新の情報・状況について整理し、ニーズに応じた教育を展望する。池田は、生物－心理－社会モデルの観点からみた新しいアセスメント方法に基づく支援方法の在り方について論考している。大鹿・渡部では人工内耳、遺伝子診断等の普及に伴う早期教育の現況と、発達障害を併せ有する子どもへの対応について論ぜられる。田中では、院内学級の減少や入院の短期化などを背景として、通常の学級における病弱児への支援体制構築の重要性が述べられる。さらに渡邉は、情報技術や医療技術の進展に踏まえた重度重複障害児への指導や支援について論じている。4編の論考に共通する視点は、医学領域における急速な研究の進展に伴う「障害－ニーズ」関係の複雑化、認知科学や情報科学を基盤とした新たな支援の在り方、それぞれの障害に対応した教育における強靭かつ柔軟な専門性の確立と多職種連携の必要性である。本特集が、「障害」と「ニーズ」の両面から特別ニーズ教育の理念と方法を再考する端緒となれば幸いである。

SNE ジャーナル, 26(1), 2020, 4 - 16

4

特　集

重度重複障害児のニーズと教育・支援

渡邉 流理也
（新潟大学教育学部）

　重度重複障害児の教育現場におけるニーズと指導・支援に関して、本稿では3つのキーワードに関する研究から今後の課題について検討した。1つ目は、「ICT活用」である。近年、ITの進歩により、学校現場においても様々なICT機器が使用されてきている。コミュニケーション支援へのICT活用や遠隔教育に関する研究報告から、重度重複障害児へのICT活用に関する課題について検討した。2つ目は、「医療的ケア」である。医療技術の進歩などにより、学校現場では医療的ケアを必要とする児童生徒が増加しつつあり、今後対応すべき課題について、学校の体制や教育的対応を中心に検討した。3つ目は、「小・中学校に在籍する重度重複障害児」についてである。インクルーシブ教育システム構築が推進され、小・中学校へ在籍する重度重複障害児も増えてきている。重度重複障害児への質の高いインクルーシブ教育を行うための課題について研究報告を基に検討した。

Ⅰ．はじめに

　重度重複障害児は、1975年3月に特殊教育の改善に関する調査研究会より報告された「重度・重複障害児に対する学校教育の在り方について」でその概念が示され、重度重複障害児を学校教育法施行令第二十二条の二に規定する障害

キーワード
重度重複障害　children with profound intellectual and multiple disability
ICT 活用　utilization of ICT
医療的ケア　medical care
インクルーシブ教育　inclusive education

―盲・聾・知的障害・肢体不自由・病弱―を2つ以上あわせ有する者のほか
に、発達的側面からみて、「精神発達の遅れが著しく、ほとんど言語を持たず、
自他の意思の交換及び環境への適応が著しく困難であって、日常生活において
常時介護を必要とする程度」の者、行動的側面からみて、「破壊的行動、多動
傾向、異常な習慣、自傷行為、自閉性、その他の問題行動が著しく、常時介護
を必要とする程度」の者を加えて示している。またわが国では「重度・重複障
害児」とは別に、「重症心身障害児」が重度の知的障害と重度の肢体不自由を
重複している児童を指す言葉として使用されてきている。したがって本稿で
は、重度・重複障害児に加え、重症心身障害児も含めて、現状を概観しつつ今
後対応すべき教育的ニーズについて検討する。

　近年、新生児医療や救命救急技術が進歩し、従来では救命が難しいとされた
状態であっても医学的な支援により日常生活を送ることが可能になってきてい
るが、障害の様相はより重度化・重複化・多様化が進んでいる。平成30年度
の特別支援教育資料（文部科学省）では、全国の特別支援学校の児童生徒数
73,504名でそのうち重複障害学級在籍児童生徒数は25,585名であり、特別支援
学校在籍児童生徒数の35.0％の割合となっている。平成11年度ではその割合
が45.2％であったが重度重複障害の児童生徒数は22,137名であり、現在は特別
支援学校在籍児童生徒数が増えたためその割合が下がっているが、特別支援学
校では重度重複障害の児童生徒の数は増加傾向にある。

　重度重複障害児はその障害のためコミュニケーションに困難をもつことが多
く、重度重複障害児の指導や支援に関する研究についても、コミュニケーショ
ンに関しての報告が多くなされている。このようにコミュニケーションに関す
る研究や学校現場での実践の蓄積により、コミュニケーションの支援として
AAC（Augmentative and Alternative Communication：拡大代替コミュニケー
ション）の考え方も広まり、VOCA（Voice Output Communication Aid）など
のAAC機器が使用されてきていたが、最近ではITの進歩により、タブレット
端末などのICT（Information and Communication Technology：情報通信技術）
機器の活用もされている。特別支援学校教育要領・学習指導要領（小学部・中
学部）（文部科学省、2017）においても、肢体不自由者である児童・生徒に対
する教育を行う場合の配慮事項として、「児童の身体の動きや意思の表出の状

態等に応じて、適切な補助具や補助的手段を工夫するとともに、コンピュータ等の情報機器などを有効に活用し、指導の効果を高めるようにすること」と示され、ICTやAT（Assistive Technology）の活用が重視されている。そこで本稿では、重度重複障害児におけるICT活用に関する研究報告を取り上げ、重度重複障害児におけるICTの活用の実態や教育的ニーズへの有効性などについて検討し、今後の課題について考えたい。

　近年、新生児医療や救急救命技術が進歩し、従前では生命の危険が及ぶような子どもたちが濃厚な医学的支援により日常生活を送ることができるようになってきている。学校現場においても、医療的ケアが必要となる重度重複障害児も増加していることから、平成31（2019）年3月20日には「学校における医療的ケアの今後の対応について」（文部科学省）が通知され、医療的ケアの実施に関する制度的対応はされつつある。これを受けて教育的対応についてはこれから必要となってくることから、医療的ケアを必要とする重度重複障害児に関する研究報告を通して今後の課題について整理する。

　平成24年7月に報告された「共生社会の形成に向けたインクルーシブ教育システム構築のための特別支援教育の推進」により、小・中学校にも重度重複障害児が在籍し始めている。今後、合理的配慮や基礎的環境整備が整ってくることを考えると、小・中学校に在籍する重度重複障害児も少しずつ増加していくことが予想される。そのような状況を踏まえ、小・中学校に在籍する重度重複障害児の学びに焦点を当てた研究報告を取り上げ、この点についても今後の課題について考えていく。

II．重度重複障害児とICTの活用

　近年のITの目覚ましい進歩により、教育分野においても新学習指導要領の下で教育の情報化の一層の進展を目的として、令和元年12月に新しい「教育の情報化に関する手引き」が作成された。この中で障害に応じたICT活用についても取り上げられており、重複障害等のある児童生徒に対しては、「情報の基礎となるべきコミュニケーションを豊かにする方法として、AACを活用した指導が多く取り入れられるようになっている。これらの様々なアシスティ

ブ・テクノロジーを活用して他者とのやり取りをする中で、わずかな表現を大きくしたり、別の表現方法に置き換えたりすることで、表現する力を高めることができる」と示されており、重度重複障害児へのコミュニケーション指導などへICTやATを活用することが重視されてきている。

1. 特別支援学校における重度重複障害児のICT活用の現状

大杉（2014）は、全国の特別支援学校での重度・重複障害または訪問教育課程のICT活用・コンピュータ利用教育担当者を対象に、ほとんど身体を動かすことのできない重度重複障害のある児童生徒におけるICT活用・コンピュータ利用について調査している。この報告から、7割以上の特別支援学校でICT・コンピュータ利用教育を実施していることが確認されたが、実施に関しては教員個人での実施が多く、転勤などにより実施の継続が不確かであるといったことが指摘されている。またこの報告では、ICT・コンピュータ等の利用実践上の課題として、「使いやすいスイッチの選定・調整」「適切な課題設定」「自発的な動きを引き出せる教材・ソフトウェアの選定・調整」が回答者の5割以上から挙げられており、これらの対応としては教員側の専門性の向上が必要となる。この点について、齊藤ら（2013）は、重度重複障害教育に携わる教員の専門性の在り方について報告した中で、「重複障害のある子どもが必要とする高度な専門的な知識や技術をどのように確保するのかが課題」と述べ、「子どもが必要とする高度な専門性を組織的に確保する学校レベル、市や県レベルでの取り組みは重要」であることを指摘している。これは、大杉（2014）の報告でも、ICT・ATの実施について高度な専門性が必要であることに加え、実施している場合であっても教員個人での実施が多いことが言われていることから、重度重複障害児へICTの効果的な活用をするために専門性を組織的に確保するための体制の整備を行っていくことは今後の課題である。

2. 重度重複障害児へのICT活用事例から

近年のICT機器の発達により、高性能な機器も安価で入手可能になってきている。その中で、様々な分野で利用されてきているアイトラッキング技術を重度重複障害児のコミュニケーション指導に活用した報告から、指導や支援への

ICT活用に関する課題について検討を行う。

　鈴木（2016）は、重度障害児にアイトラッカーを活用した平仮名学習教材を開発し、その効果を検討した。対象は、IQの測定や発達検査が難しく、自力での座位保持や寝返りが不可能で、身体障害者手帳1級を所有する10カ月から高校2年生の重度障害児19名であった。この報告では、アイトラッカーが視線を認知できた事例では、アイトラッカーを活用した指導によって、文字の入力といったことまでが可能になり、ICT機器の活用がコミュニケーションの拡大へ有効に機能したことを示したが、一方で、機器が視線を検知できない眼球などに異常がある事例については活用が難しいことも示されている。重度重複障害児では視覚、聴覚、触覚といった感覚にも障害を併せ持つ場合も少なくなく、そのために活用可能なICT機器の選定が難しい。このようなICT機器を活用するための情報は個々の教員で収集することは容易ではないため、本章の1で述べたように組織的な情報収集・共有できる仕組みを学校レベルで構築・整備していくことが課題であろう。

　次に、ICTによる重度重複障害児への遠隔教育を行った事例から、今後の課題について考える。

　重度重複障害児の中には、医療的ケアを必要とするなどの事由で通学が困難な場合に訪問教育を受けているものがいる。赤滝ら（2018）は、訪問教育を受けている児童が、通学している児童と一緒に学習したり、学校行事や居住地校交流などにも参加が可能となるICTを活用したシステムを構築し、その有用性や実用化に向けた報告をしている。この報告では、訪問教育を受けている重症心身障害児を対象として、インターネットを介した音声や映像による会話機能が行えるWeb会議システムを使用し、通学している重症心身障害児（通学生と記す）との1年以上にわたるWeb教室合同学習（Web会議システムを使用した遠隔教育）による教育的効果について検討している。そこでは、対象児童と通学生とはスクーリングで2回程度顔を合わせただけであったため、システム開始時には双方に戸惑いが見られたが、合同学習を重ねるにつれてクラスメートであるという認識が育まれたことを、このWeb教室合同学習の成果として挙げており、継続的なWeb教室の活用によって生じたことを指摘している。重症心身障害児はコミュニケーションに大きな困難をもつため、年あるいは学

期に数回のスクーリングのみの交流機会では、このような集団意識を育むことは難しい。この点について、Web教室の実施は、訪問教育を受けている対象児童が他の児童と一緒に学習する機会を大幅に増やすことを可能にし、集団性を学ぶ機会が保障されるという点でこのシステムの有用性が高いことが指摘できる。「教育の情報化の手引き」（文部科学省、2019）によると、教育において教科等の指導におけるICT活用の特性・強みは「距離に関わりなく相互に情報の発信・受信のやりとりができるという、双方向性を有すること」と示してあり、訪問教育を受けている重度重複障害児の集団での学習の機会を保障していくために、今後もこのような教育実践が多く取り組まれることが期待される。

　またこの赤滝ら（2018）の報告では、Web教室合同学習を設定するために通学生と訪問教育を受けている対象児童の学習時間と学習内容の比較をした際に、学習時間の量的な格差だけでなく、学習内容の質的にも格差が生じていたことを述べている。重度重複障害児は、障害によりICT機器を自身で操作しWeb会議システムを利用することは困難であるため、システムを利用するには教員が側にいる必要がある。つまり、訪問教育を受けている重度重複障害児においては、教員の訪問機会に学習時間が依存することになるため、現状ではこのようにICTの活用によっても学習時間そのものの増加は難しいことが指摘できる。この点については、ICTの発展を待つだけでなく、教員の訪問機会の確保など、引き続き考えていかなければならない課題であると考える。

Ⅲ．重度重複障害児における医療的ケア

1．学校での医療的ケアの実施に関する歴史的変遷

　養護学校義務制度の開始により、重度重複障害をもつ児童生徒の就学が可能になったが、医療的ケアを必要とする場合は学校に保護者が同伴しなければならないあるいは訪問教育として教育を受けることが多かった。保護者の負担軽減や医療的ケアに伴うニーズにこたえる形で、文科省が平成10年度から平成14年度にかけて「特殊教育における医療・福祉との連携に関する実践研究」の実施をはじめ、学校における医療的ケアの実施について整備が進んでいった。平成23年6月に「介護保険などの一部を改正する法律による社会福祉士及

び介護福祉士法の一部改正」により、研修を受けることで、特別支援学校の教員が吸引や経管栄養といった医療的ケアの一部を法律に基づいて実施することが可能となった。

　文部科学省の平成30年度の特別支援教育資料によると、特別支援学校に在籍する児童生徒は143,379人で、調査時期は異なるが令和元年11月に実施された「令和元年度学校における医療的ケアに関する実態調査」（文部科学省）では特別支援学校に在籍する医療的ケア児は8,392人であり、特別支援学校に在籍する幼児児童生徒の約6%が医療的ケアを必要としている。

　表1は、「令和元年度学校における医療的ケアに関する実態調査」（文部科学省）の特別支援学校に在籍する医療的ケア児の医療的ケア項目別の数を示したものである。この表の通学する医療的ケア児の数と訪問教育を受けている医療的ケア児の数を比較して見ると、ほとんどの医療的ケアの項目では通学する医療的ケア児の数が多いが、「人工呼吸器の管理」「排痰補助装置の使用」「中心静脈栄養」は訪問教育を受けている医療的ケア児の数の方が多くなっており、高度な医療的ケアを必要とする場合に通学が困難になりやすいという状況が発生していることがわかる。このほか、インクルーシブ教育システム構築の推進により、小・中学校等でも医療的ケア児が在籍し始めており、それに合わせて学校での医療的ケア児の受け入れ体制を整備する必要が生じている。

　このような状況を踏まえて、平成29年10月に「学校における医療的ケアの実施に関する検討会議」（文部科学省初等中等教育局長決定）が設置され、平成31（2019）年3月20日には「学校における医療的ケアの今後の対応について」（文部科学省）が通知された。この通知では、①医療的ケア児の「教育の場」、②学校における医療的ケアに関する基本的な考え方、③教育委員会における管理体制の在り方、④学校における実施体制の在り方、⑤認定特定行為業務従事者が喀痰吸引などの特定行為を実施する上での留意事項、⑥特定行為以外の医療的ケアを実施する場合の留意事項、⑦医療的ケア児に対する生活援助行為の「医行為」妥当性の判断、⑧研修機会の提供、⑨校外における医療的ケア、⑩災害時の対応について、特定行為以外の医療的ケアを含め、また小・中学校等を含むすべての学校における医療的ケアの基本的な考え方や医療的ケアを実施する際に留意すべき点について整理された。

表1　特別支援学校に在籍する医療的ケア児の数（医療的ケア項目別）

医療的ケア項目	喀痰吸引（口腔内）		喀痰吸引（鼻腔内）		喀痰吸引（気管カニューレ内部）		喀痰吸引（その他）		吸入・ネブライザー		在宅酸素療法		パルスオキシメーター		気管切開部の管理		人工呼吸器の管理		排痰補助装置の使用	
通学・訪問教育の別	通学	訪問教育	通学	訪問教育	通学	訪問教育	通学	訪問教育	通学	訪問教育	通学	訪問教育	通学	訪問教育	通学	訪問教育	通学	訪問教育	通学	訪問教育
国立	3				3						1				5					
公立	3,507	1,532	3,267	1,327	1,750	1,354	400	160	1,287	750	960	754	2,381	1,311	1,760	1,301	475	1,027	150	225
私立					1				1				1		1					
計	3,510	1,532	3,267	1,327	1,754	1,354	400	160	1,288	750	961	754	2,382	1,311	1,766	1,301	475	1,027	150	225
計	5,042		4,594		3,108		560		2,038		1,715		3,693		3,067		1,502		375	

医療的ケア項目	経管栄養（胃ろう）		経管栄養（腸ろう）		経管栄養（経鼻）		経管栄養（その他）		中心静脈栄養		導尿		人工肛門の管理		血糖値測定・インスリン注射		その他	
通学・訪問教育の別	通学	訪問教育	通学	訪問教育	通学	訪問教育	通学	訪問教育	通学	訪問教育	通学	訪問教育	通学	訪問教育	通学	訪問教育	通学	訪問教育
国立	1										7		1					
公立	3,337	1,317	68	60	1,002	518	22	11	41	53	455	214	52	38	93	21	701	149
私立					1						1							
計	3,338	1,317	68	60	1,003	518	22	11	41	53	463	214	53	38	93	21	701	149
計	4,655		128		1,521		33		94		677		91		114		850	

令和元年度学校における医療的ケアに関する実態調査（令和元年）より抜粋

2. 医療的ケアを必要とする重度重複障害児の教育的対応の課題

　特別支援学校における医療的ケアが必要な幼児児童生徒数は、文部科学省によると平成18年度5,901名（平成29年度特別支援教育資料）であったが、平成30年度では8,567名（平成30年度特別支援教育資料）であり、年々増加してきている。また、このような医療的ケアが必要な児童生徒は訪問教育の対象となることも多かったが、学校看護師の配置も年々増加し、特別支援学校で医療的ケアへの対応が可能になってきていることから、訪問教育から通学への選択をすることも増えてきている。平成31年に通知された「学校における医療的ケアの今後の対応について」（文部科学省）により特別支援学校での医療的ケアの実施体制が今後さらに整備されていくことから、訪問教育の対象者が通学を選択し、在宅児童生徒は減少していくことが推測される。このことは、訪問教育で教育的ニーズに対して細やかな指導が必要であった重度重複の児童生徒そのものが減少するわけではなく、教育の場を特別支援学校に移すということであり、特別支援学校においては、より障害の状態が重度である医療的ケアを必要とする重度重複障害児に対応した教育的対応が課題となってくる。

　特別支援学校に通学する医療的ケアが必要な重度重複障害児への指導の充実について、高田屋ら（2018）が行った研究がある。この研究では、訪問教育担当教員へインタビューを行い、訪問教育で培った児童生徒の捉え方や指導の実際等、校内での具体的な情報共有の在り方について聞き取り調査を行っている。インタビューの対象は、特別支援学校勤務年数と学校の体制が異なる訪問教育を担当している教員4名であり、経験年数が児童生徒の実態把握に影響を及ぼす影響についても検討している。

　このインタビューによる実態把握の仕方に関する回答から、訪問教育担当教員の実態の捉え方を「児童生徒を見る視点を一度自分の中で他児との比較から切り離し、児童生徒本人の発達という視点に切り替えることで、これまで見えなかった児童生徒のわずかな変化が見えるようになっていく」とまとめており、「個の発達という視点を基盤にしていくことは障害の重い児童生徒にとって必要不可欠なことであると言える。この点が保障されて、他児とのかかわりの広がりを目指すことでより充実した指導へつながる」と指摘している。これは、訪問教育の対象となるような医療的ケアが必要な重度重複障害児が特別支

援学校での集団の場で指導を受ける際にも、訪問教育で対応してきた個々がもつ教育的ニーズへの細やかな対応を軸とすることが他児との関係性の広がりを築くことへつながるという点で重要な示唆といえる。またこのことに関連して、「教師の指導における経験がノウハウとして蓄積されていくためには、自己の経験や知見の『相対化』や『客観化』が必要なこと、それを可能にするためには教師個人の努力だけではなく、学校のシステムとして保障していくことが重要」とこの報告で述べている。これは訪問教育の対象となる医療的ケア児だけでなく、個々の教育的ニーズに丁寧にかかわる必要がある重度重複障害児の数が校内で相対的に少なく類型的に整理することが難しいことから、教育実践に関する情報共有・蓄積がしにくいと考えられる。今後このような子どもたちの通学が増えてくることから、高田屋ら（2018）が指摘したように、個々の教員の努力によるのではなく、学校のシステムなどを構築していき、充実した教育実践を保障していくことが課題であろう。

Ⅳ．小・中学校に在籍する重度重複障害児の現状と課題

　平成26（2014）年に、日本が国連の障害者の権利に関する条約に批准するに先立ってなされた平成25（2013）年の学校教育法施行令の一部改正では、就学基準に該当する障害のある子どもは特別支援学校に原則就学するという従来の就学先決定の仕組みが改められて、障害の状態、本人の教育的ニーズ、本人・保護者の意見、教育学・医学・心理学等専門的見地からの意見、学校や地域の状況等を踏まえた総合的な観点から就学先を決定する仕組みが、インクルーシブ教育システムの施策の一つとして整えられた。これにより、以前であれば特別支援学校を就学先と判断されていた重度の障害のある児童生徒が、総合的な判断により、小・中学校等にも在籍するようになった。平成30年度の特別支援教育資料（文部科学省、2019）では、平成30年度小学校・特別支援学校就学予定者（新第1学年）として、平成29年度に市区町村教育支援委員会等において、学校教育法施行令第22条の3に該当すると判断された人数は10,300人で、そのうち公立小学校を就学指定先と指定された人数は全体の27.3％にあたる2,817人であった。さらに、この公立小学校を就学先と指定さ

れた児童のうち、重複障害の児童数は197名であり、学校教育法施行令第22条の3に該当すると判断された者のうちの6.4%にあたる。したがって、かつては特別支援学校を教育の場としていた重度重複障害児が、小・中学校に在籍することも珍しいことではなくなってきているが、比較的最近のことであるため研究報告も少なく、小・中学校での重度重複障害児の教育上の課題が整理されていない。ここでは、小・中学校の特別支援学級に在籍する重度重複障害児の学びに関する検討を行った齊藤ら（2018）の報告を取り上げ、小・中学校の特別支援学級に在籍する重度重複障害児の教育的課題について考える。

　齊藤ら（2018）は、小・中学校の特別支援学級に在籍して学んでいる重度重複障害の児童生徒6例の担当教員へのインタビュー及び実際の学習場面の観察を行い、教育を行う上での工夫や課題を明らかにし、小・中学校で重度重複障害の児童生徒の学びの意義やその充実について考察したことを報告している。

　この報告の中で、小学校で重度重複障害児の教育課程を検討する際の難しさとして、「小・中・高の教育課程は、発達段階に沿ったものでできている。発達に課題がある子供たち、課題がある子どもたちには難しい。でも通常校ではその教育課程に入っていかなくてはならない。その中で、その子の学びをどうしていけばいいか、同時に皆と一緒にやっていきたい、ということにジレンマがある」という教員のエピソードが示されている。この発言の背景として、重度の障害がありながら、地域の小・中学校で学ぶことを希望して入学してきた子どもたちの保護者は、地域の子どもと一緒に生活し学習させたいという思いが強い場合が多いためであるとも示されている。この点について、重度重複障害児が特別支援学校に在籍している場合は、教育課程の検討をする際に、発達や障害に合わせ類似した教育的ニーズを踏まえるため、このようなことは生じにくい。また、これに関連して学びの目標について、「小学校では周囲の子どもたちに生活のペースを合わせる難しさがある一方で、その環境があるおかげで『何年生までに〇〇が友だちと一緒にできるように』等、目標を高く掲げるようになった」という特別支援学校を経験している教員のエピソードを取り上げて、「同世代の子どもたちが何をどんなペースで勉強しているのかをいつも隣で見る環境があるからこそ、障害のある子どもの自立と社会参加を意識して高い目標を掲げ、現実的なステップを積み上げていくことができる。これも特

別支援学校にはない、小・中学校を教育の場にすることの意義といえる」と指摘している。

　この報告から、小・中学校に在籍する重度重複障害児においては、自立と社会参加を意識した教育目標が考えやすい一方で、それをどのように学んでいくかといった教育課程の編成の難しさがあることがわかる。インクルーシブ教育システムの推進に伴い、小・中学校に在籍する重度重複障害児が珍しくなくなっていく中で、質の高いインクルーシブ教育を目指すために、重度重複障害児の学びとその学びを支えていくための教育課程・教育環境や交流及び共同学習の在り方については、今後考えていかなければならない課題の一つである。

Ⅴ．おわりに

　本稿では、重度重複障害児のニーズと教育・支援として、「ICT活用」「医療的ケア」「インクルーシブ教育」をテーマとして挙げて、それぞれの研究報告から課題について検討を行った。これらいずれの課題についても共通して言えることは、重度重複障害児に関わる教員の専門性の充実・確保である。重度重複障害児の数が少なく、担当する教員も限られることにより情報の蓄積がしにくいことと併せて、医療技術の進歩などにより重度重複障害の障害様相が多様化していくことから、教育的対応に必要となる専門性を確保することは容易ではない。重度重複障害児の教育の場が広がっていることからも、特別支援学校だけでなく小・中学校においても、重度重複障害児の教育に必要となる教員の専門性を確保するための仕組みの整備が必要であり、今後の研究が望まれる。

文献
赤滝久美・三田勝己・長島康代・山田定宏・渡壁誠・宮野前健（2018）重症心身障害児の訪問教育を革新するICT（情報津新技術）システム．日本重症心身障害学会誌，43(1)，pp.117-127.
文部科学省（2017）特別支援学校小学部・中学部学習指導要領．
文部科学省（2018）特別支援教育資料（平成29年度）．
文部科学省（2019）「学校における医療的ケアの今後の対応について」（平成31年3月20日30文科初第1769号初等中等教育局長通知）．
文部科学省（2019）第4章第4節　特別支援教育におけるICTの活用．文部科学省，

教育の情報化に関する手引き. pp.152-179.

文部科学省（2019）特別支援教育資料（平成 30 年度）.

大杉成喜（2014）重度・重複障害教育における ICT 活用の現状と課題. 熊本大学教育学紀要, 63, pp.151-158.

齊藤由美子・小澤至賢・大崎博史（2018）小・中学校の特別支援学級に在籍する重度の障害のある子どもの学びとその学びを支えるもの～担任へのインタビューと学習場面の観察を通して～. 国立特別支援教育総合研究所研究紀要, 45, pp.37-52.

齊藤由美子・横尾俊・熊田華恵・大崎博史・松村勘由・笹本健（2013）重複障害教育に携わる教員の専門性のあり方とその形成過程に関する一考察―複数の異なる障害種別学校を経験した教員へのインタビューを通して―. 国立特別支援教育総合研究所研究紀要, 40, pp.67-80.

鈴木真知子（2016）アイトラッカー活用による重度障がい児のコミュニケーション力育成プログラム開発―幼い子ども向けの平仮名学習教材の開発とその効果の検討―. 日本重症心身障害学会誌, 41(1), pp.113-120.

高田屋陽子・高橋省子（2018）特別支援学校における重度・重複障害児をめぐる教育の現状と課題―医療的ケア対象児における訪問教育の今後のかかわり―. 秋田大学教育文化学部教育実践研究紀要, 40, pp.157-166.

SNE ジャーナル，26(1)，2020，17 - 32

特　集

聴覚障害児のきこえと学びのニーズ・支援

大鹿 綾
（東京学芸大学特別支援科学講座）

渡部 杏菜
（神奈川県立平塚ろう学校・東京学芸大学大学院連合）

　本稿では、聴覚障害児をめぐる教育、医学的な新たな現状と課題について整理した。聴覚障害の早期発見・早期介入は新生児聴覚スクリーニング検査の導入によって実現され、最近では遺伝子診断や再生医療分野の発展も期待されている。それに伴って補聴器・人工内耳の装用も早期化し、言語発達促進の効果も示されているが、一方で手話などのろう文化も含め、幅広い情報提供と子育て支援が求められ、乳幼児教育相談の役割は大きい。学校選択においてもインクルーシブ理念の広がりやコミュニケーション手段の多様化によって、選択肢が広がっている。その中にあっては、障害のある子とない子とが互いに学び合える共同学習の更なる実践が不可欠である。教員の専門性確保が課題となっているが、特別支援学校のセンター的機能など他機関連携をしながら多角的に子どもを支援していきたい。また、聞こえにくさ以外の視点からの支援を必要とする者の存在も指摘されており、さらに多様な学びの方法が求められている。

キーワード

聴覚障害　hearing impairment
早期発見・早期介入　early detection and early intervention
インクルーシブ教育　inclusive education
教員の専門性　expertise of teachers

I．はじめに

「Blindness cuts you off from things; deafness cuts you off from people.（目が見えないことは人と物を切り離す。耳が聞こえないことは人と人を切り離す）」これは哲学者カントの言葉をかの有名なヘレン・ケラー（1880 – 1968）が英訳して広まったものとされている（Wikipedia 2020）。聞こえないということは、ただ音が聞こえない、ということではない。人と人とがつながろうとする際の障壁となりうるものであり、また語り、思考するための言語の獲得に困難を生じさせうるものである。近年、聴覚障害に関する医学や、補聴機器の発展は目覚ましく、より強力な聞こえへのアプローチが可能となってきている。同時に「ろう文化宣言」（木村ら1995）に示されるように「障害者」ではなく「ろう者」として手話やろう文化にアイデンティティを持つ考え方もある。インクルーシブ教育制度の中で、聴覚障害児をめぐる新たな現状と課題について整理していきたい。

II．早期発見・早期介入

　聴覚に障害があると、耳からの自然な言語入力が制限されるため言語発達が阻害され、さらには認知、社会性、感情、行動、注意力、学習能力等さまざまな面においての発達に影響を及ぼす可能性が指摘される（三科2007）。そのため、早期に聴覚障害を発見し、早期に介入することが目指され、現在、新生児聴覚スクリーニング検査の普及によりそれらが可能になった。

　新生児聴覚スクリーニング検査は自動聴性脳幹反応（AABR）や耳音響放射（OAE）を用いて、生まれて間もない新生児に対して行う他覚的な聴力検査である。2017年に全国の分娩を取り扱っている医療機関を対象に実施したアンケートでは、1795施設中94.3％と高い割合で新生児聴覚スクリーニング検査が実施可能であった（日本産婦人科医会母子保健部会 2017）。厚生労働省（2016）では、新生児聴覚スクリーニング検査をおおむね生後3日以内に実施し、要検査児にはおおむね生後1週間以内に再度スクリーニング検査を実施

し、そこでも要検査となった場合には生後3カ月までに精密検査による確定診断をし、生後6カ月までに早期療育を行う流れを示している（1－3－6ルール）。以前は、2～3歳でことばの遅れにより発見されていた中等度の聴覚障害も、新生児聴覚スクリーニング検査の普及により早くなり、また最近ではVRA（Visual Reinforcement Audiometry）を用いて左右耳別の気導、骨導聴力を、周波数ごとに検査することも取り入れられている（富澤2017）。

　そして、早期発見と対で行われるべき早期介入の役割を担う場の1つが聴覚特別支援学校における乳幼児教育相談である。聴覚障害児の9割は、きこえる両親の家庭に生まれるとされる（日本耳鼻咽喉科学会2016）。我が子が聴覚障害と知って、保護者は不安な気持ちでいっぱいになることだろう。乳幼児教育相談は、保護者が聴覚障害のある子どもを理解し、子どもと安定した関係を築き、子育てを当たり前に楽しむことができるように支えていく場である。また、同時に聞こえない子どもの聴覚管理や言語発達への支援なども行う。2017年に幼稚部を設置している聴覚特別支援学校100校（分校、分教室含む）を対象にした調査では、99校に0～2歳児対象の乳幼児教育相談が設置されており、定期的に継続して相談を実施した幼児は1813名、そのうち84.7％は新生児聴覚スクリーニングを受検していた（廣田ら2019）。また、定期的に相談を受けている2歳児のうち、0歳代から教育相談を開始していた割合は6割に及んでいた（聴覚障害乳幼児教育相談研究委員会2019）との報告もあり、新生児聴覚スクリーニング検査の普及の結果、早期に聴覚障害を発見し、早期介入が可能となったと言えるだろう。

　早期発見に伴い、補聴機器の装用開始年齢も低年齢化している。茨城県の療育機関で乳幼児を対象に行った調査（岡田ら2010）では、軽・中等度難聴児は1979－1984年では3歳代までに補聴器を装用開始した例がわずか15％であったが、2003－2008年では87％が3歳代まで、55％が1歳代まで、24％が0歳代で装用を開始していた。また、高度難聴児について2009－2014年を調査した報告では、早期装用がさらに進み、0歳での装用が54％を占めていた（岡田ら2015）。人工内耳手術の適応年齢も段階的に引き下げられ、2014年には1歳以上となり（日本耳鼻咽喉科学会2014）、人工内耳の普及とともに手術年齢が低年齢化し、2歳以下で手術を行う症例が増加している（寺岡・羽藤2016）。

　補聴器や人工内耳の早期装用とその後の言語発達との関連も検討されている。補聴器を0歳代で装用した者は、聴能発達において初期の音の気づきなどにはやや遅れがあるものの、12カ月ごろには年齢相応の発達に追いついており、補聴器装用による発達のキャッチアップが見られたことが示されている（富澤ら2013）。その後、音声でのコミュニケーション段階においても正常発達に比肩する到達度を示し、1歳代さらには2歳代の文レベルでの会話期においても年齢相応の発達が維持される者の存在も示された。山田ら（2012）は4歳から12歳の人工内耳装用児に、語彙レベルや構文レベルの言語発達との関連を調査し、人工内耳手術前の補聴器装用開始年齢が早い群の方が語彙、構文レベルの理解課題の成績が良好であり、また人工内耳手術年齢が早い群の語彙、構文レベルの産出課題の成績が良好であることを示した。このように、補聴器、人工内耳の装用が言語発達を促進することが示唆される一方で、聴力が中等度の者の中には、会話期の発達が緩やかであり、発達の遅れや補聴器装用が習慣化されなかったことが原因と考えられる者がいることも指摘されている（富澤ら2013）。軽・中等度難聴児は、装用開始に比較的慎重である傾向があること、保護者の同意が得にくい例があることなどから、装用開始が高度難聴に比べ遅いことも指摘されており（岡田ら2015）、保護者の不安な気持ちに寄り添いながら、乳幼児が早期に補聴機器を安定して装用できるようにする取り組みが必要である。

　補聴機器の早期装用による言語発達への期待は大きいが、補聴器や人工内耳を装用したからといって聴児と同じようにきこえるようになるわけではない。乳幼児期は母子等の相互交渉によって情緒・心理社会、コミュニケーションの発達の基礎が形成される時期であり、補聴器や人工内耳の装用とともに、聴覚障害児によくわかる対話を成立させることが望まれる（廣田2013）。コミュニケーションの方法としては、聴覚口話法など音声をベースにした方法、手話・指文字といった視覚的支援を用いたコミュニケーションなどがある。二者択一的なものではなく、子どもの実態に応じて、必要な方法を活用していけるように保護者を支援していく必要がある。

　最早期からの対応が可能になった一方で、保護者は聴覚障害への理解や受容が十分になされる前に、補聴器・人工内耳の装用、コミュニケーション方法な

ど多くの情報に触れ、判断を求められることもある。偏った情報提供にならないよう、様々な情報を伝え支援していくことが必要である。さらに、最近の保護者をめぐる社会環境は変化しつつあり、例えば秋田県での調査では、乳幼児および幼児教育相談で継続した支援を受けた0〜5歳児の保護者について、6割が共働きであり、5割は乳幼児および幼児教育相談と保育園を併用していた（佐藤ら2018）。また、居住地が遠方であったり、保護者の勤務状況から送迎が難しかったりして、2歳までの継続支援を終えた後に聴覚特別支援学校の幼稚部に入学できないケースの存在も示された。そこには、補聴機器の進歩等により、地域の保育園や幼稚園を選択する可能性が広がったことも関係すると思われる。このような現状から秋田県では、土曜日を活用したプログラムを導入し、保育園訪問を見直すことで、家族全体や保育園等の担当者と連携した支援プログラムに取り組んでいる（佐藤ら2018）。家庭環境が多様化する中で、保護者に対して家庭教育にかける過度な負担を求めにくく、保護者の要望も様々になっているなど、学校現場に求められるものは大きい。家庭との連絡を密にし、学校として提供できることは何なのかを整理しつつ、地域の保育園や医療等の他機関との連携も模索していくことで多角的な支援体制を構築していきたい。

　厚生労働省と文部科学省は、2019年に「難聴児早期支援に向けた保健・医療・福祉・教育の連携プロジェクト」を立ち上げ、関係機関が連携し、新生児聴覚スクリーニング検査から切れ目ない支援体制を構築することを目指すこととしている。本プロジェクトでは、各都道府県において、新生児聴覚スクリーニングで要検査となった場合に、精密検査医療機関、人工内耳や補聴器、手話など今後のとりうる選択肢の提示、療育機関の連絡先等を具体的に示した手引書を作成すること、また、地域の特性に応じ難聴児との早期発見・早期療育を総合的に推進するためのプランを作成するように促している。以前から都道府県によっては、新生児聴覚スクリーニング検査の手引きを作成しているが、実施状況などは地域差がある。今後、全国各地で切れ目ない支援をする整備されることが期待される。

Ⅲ．遺伝子診断、再生医療

　生まれつきの聴覚障害の少なくとも50％は遺伝子が関与しているとされている（Kimberling 1999）。これまでほとんどの聴覚障害が「原因不明」とされてきたが、ヒトゲノムの解析によって聴覚障害の原因遺伝子が100程度判明（福嶋2006）してきており、2012年には難聴の遺伝子診断が保険診療適応となったことで、新生児聴覚スクリーニングと併せての実施も行われるようになってきた。遺伝子診断を行うことの第一のメリットは正確な診断ができることにある（福嶋2006）。これにより、難聴の進行や変動、随伴症状の予測などが可能になる場合があり、例えば「妊娠中のあのトラブルが原因なのでは…」といった保護者の不安を解消することもありうる。また、原因遺伝子が判明することで人工内耳の有用性についての情報を得ることもできるため、最早期の人工内耳手術の判断など治療法の選択について情報が増える。なお、究極の個人情報である遺伝子に関わる際には情報の取扱いについて厚生労働省（2017）や日本医学会（2011）により出されているガイドライン等を充分に遵守し、遺伝カウンセリングと両輪で行われるべきである。

　最先端の医療として、再生医療も期待されるところである。iPS細胞が2007年に樹立され（京都大学2007）、各方面で新たな研究が進められている。聴覚障害領域においては、鼓膜（Kanemaru et al. 2011）や中耳粘膜（山本2018）の再生治療が既にヒトでの臨床研究がなされている。内耳再生については未だ研究段階ではあるが、これまでヒトからの細胞採取が困難であった内耳細胞をiPS細胞から大量に調整することが可能となり、モデル動物では再現できなかった疾患について研究が進められたり、創薬研究が期待されたりしている（細谷2019）。小児のみならず、認知症との関連も指摘される（佐治2019）高齢者の難聴への対応も含めて、注目の集まっている分野であり、今後は内耳細胞の移植治療なども聞こえの回復を求める人にとって待たれるところであり、研究動向に注目していきたい。

Ⅳ．教育の場の広がりと支援の在り方

　乳幼児期で既に地域の園で学ぶことを選択することも散見されるが、小学校段階においても学びの場に広がりが見られている。聴覚障害児が学ぶ場として、聴覚特別支援学校、難聴児を対象にした特別支援学級（以下、難聴特別支援学級）、通級による指導（以下、難聴通級）がある。昭和23年に義務制度開始とともに聾学校在籍児は増加していったが、昭和39年度から難聴特別支援学級の制度が始まると聾学校在籍児は減少（藤本 2012）し、一方で通常の学校にある難聴特別支援学級と難聴通級を合わせた児童生徒数は増加傾向にある（文部科学省 2020）。日本学校保健会（2004）が平成14年に補聴器または人工内耳を装用している通常の学校に在籍する児童生徒数を調査したところ、全国の小学校の12.3%（2,868校）、中学校の14.2%（1,473校）に少なくとも一人は在籍していることが明らかとなった。なお、同年の難聴特別支援学級（当時は特殊学級）児童生徒数（小：762名、中：347名）、難聴通級の児童生徒数（小：1325名、中：285名）（文部科学省 2003）と比較すると、難聴特別支援学級や難聴通級での支援を受けていない児童生徒が多くいる現状も浮かび上がる。インクルーシブ理念の広がりとともに地域の小中学校で学ぶ難聴児童生徒は今後も増えていくことが予想されるが、同時に必要な支援が行き届くように裾野を広げていくことも不可欠である。

　通常の学校で学ぶ聴覚障害児童生徒の増加には、補聴機器の進歩と保護者本人の意向が尊重される傾向になった制度上の変化が大きく影響していると考える。補聴器は1990年代にデジタル化され、マルチチャンネル信号処理（周波数ごとの音声処理）、ノンリニア増幅（大きな音を不快にならないように抑えて増幅する）、雑音・騒音抑制、ハウリング抑制などの機能が搭載され、多様な音の加工と調整が可能となってきた（石川 2018）。人工内耳では手術適応年齢が1歳以上に引き下げられ、また「音声を用いてさまざまな学習を行う小児に対する補聴の基本は両耳聴であり、両耳聴の実現のために人工内耳の両耳装用が有用な場合にはこれを否定しない」（日本耳鼻咽喉科学会 2014）と示されるなど、今後も人工内耳の早期、両耳装用は拡大することが見込まれる（森

2015)。人工内耳でもチャンネル数の増加、雑音抑制、防水機能など性能の向上、小型化が図られ、より使いやすいものとなってきている。サウンドプロセッサと送信コイルが一体型のものや残存聴力活用型の人工内耳（EAS：Electric Acoustic Stimulation）といった低侵襲で低音域の聴力を残しつつ、高音域を人工内耳で補聴するシステムも承認され、技術の進歩が著しい。補聴器、人工内耳の進歩とともに補聴援助システムも大きく発展している。補聴援助システムとは、話し手が付けた送信機のマイクから話し手の声を拾い、補聴器や人工内耳に付けている受信機に直接音を飛ばすものであり、騒音や距離の影響をあまり受けずに、話し手の声を補聴器や人工内耳を装用した聴覚障害児に届けることができる。FM電波を用いたシステムがデジタル方式に変わり、接続や操作が容易になったこと、音質が向上したことで、大掛かりな設備工事の難しい通常の学校で学ぶ聴覚障害児を中心に普及している。また、音声認識技術の活用や、自治体によっては軽中等度難聴で身体障害者手帳に該当しない者に対する補聴器や補聴援助システム購入の補助が出るようになってきており、これらも地域の小中学校の選択を促進しているだろう。

　さらに、インクルーシブ教育の推進がその傾向に拍車をかけている。文科省が2012年に出した「共生社会の形成に向けたインクルーシブ教育システム構築のための特別支援教育の推進（報告）」において、就学先の決定においては「市町村教育委員会が、本人・保護者に対し十分情報提供をしつつ、本人・保護者の意見を最大限尊重し、本人・保護者と市町村教育委員会、学校等が教育的ニーズと必要な支援について合意形成を行うことを原則とし、最終的には市町村教育委員会が決定することが適当である」と示されている。また、「多様な学びの場として、通常の学級、通級による指導、特別支援学級、特別支援学校それぞれの環境整備の充実を図っていくこと」の必要性についても提唱している。このような傾向から最近では本人・保護者が地域の小中学校で学ぶことを希望すると、対象児が一人であっても難聴学級を立ち上げる例も少なくなく、平成29年から30年度にかけては小・中・義務教育諸学校において100学級（在籍108名）の難聴特別支援学級が全国で新設されている（庭野ら2020）。しかしそれに比して、聴覚障害教育に関する専門性を持った担当教員が十分に確保されていない現状がある。林田ら（2018）によると、小学校の難聴特別支

援学級の多くが在籍児1～2名であり（平均1.8名）、担当教員が1名で指導にあたっていることが7割を占めており、多くは聴覚障害領域の特別支援学校教諭免許状を保有しておらず（保有率11.8%）、「自身の難聴に関する知識が十分でない」、「指導したい内容に関する知識や技量が追いつかない」と感じている。通級指導教室においても、教室における課題として担当教員の多くが「専門性の維持および向上」と回答している（井戸・左藤2018）。難聴特別支援学級や難聴通級指導教室の担当教員に求められる専門性とは、どのようなことが挙げられるであろうか。小中学校では、多くの時間を聞こえる児童生徒と過ごすことから、保護者は教員の話し方や授業での情報保障など、通常学級での授業面での配慮を強く要望している（岩田2015）。補聴機器がいくら進歩したと言っても、聞き取りが難しく、コミュニケーションをとることが難しい場面があるという聴覚障害の困難さの理解を深めること、そのような場面でどんな支援が必要なのかという情報保障について知ることが担当教員には求められる。難聴特別支援学級の担当教員は通常学級の担任や児童生徒に理解を促すキーパーソンとなるべきであろう。また、通常学級での過ごし方だけではなく、言語面、特に語彙についての困難さが指摘されている（林田ら2018; 安田ら2012）。語彙の不足は、学習や対人関係など様々な面に影響する可能性があり、聴覚障害児が抱える言語面の課題ということも理解して指導にあたる必要がある。聴覚障害児を担当する教員は、障害理解や情報保障、指導方法に関する専門性や、発音・発語指導や聴覚活用など幅広い専門性が求められるが、担当する教員が少ない中で、すぐには専門性は継承されていかない。そこで、聴覚特別支援学校が聴覚障害教育のセンター的機能を果たし、難聴特別支援学級や難聴通級指導教室を支援していくシステムが重要視されるだろう。現状では、聴覚特別支援学校と連携及び協力をしていない難聴言語通級指導教室が41.6%（井戸・左藤2018）と未だ多いが、今後聴覚特別支援学校が蓄積してきた専門性を地域の学校と共有していくことが更に求められる。また、その他にも医療や福祉、NPO法人や地域の聴覚障害者団体、補聴機器店など多様な専門性を持った機関との相互連携も考えられる。連携とは、それぞれが自らの専門性を発揮することである。他機関の専門的サポートを得つつ、学校側も教育者としての専門性をさらに磨くことが求められることを忘れてはいけない。

Ⅴ．障害理解教育

　これまで述べてきたように、通常の学校で学ぶ聴覚障害児は増加している。その中で彼らが充分に学び、豊かな人間関係を築くためには周りの児童生徒との相互理解が欠かせない。2004年に一部改正された「障害者基本法」の中で「交流及び共同学習」という用語が初出した。その後、2008年、2009年（文科省）の学習指導要領改訂では「交流及び共同学習」の機会を積極的に設けることが明記され、2012年（文科省）の「共生社会の形成に向けたインクルーシブ教育システム構築のための特別支援教育の推進（報告）」では、障害者理解を推進することにより、周囲の人々が、障害のある人や子どもと共に学び合い生きる中で、公平性を確保しつつ社会の構成員としての基礎を作っていくことが重要であると指摘している。2017年告示の新学習指導要領でも通常の学校と特別支援学校の両方に記述され、障害のある子どもにとっても、障害のない子どもにとっても大きな意義のあるものと位置づけた。また合わせて「交流及び共同学習ガイド」を改訂公開し、計画の仕方や実践例などを具体的に挙げることで具体的な実施を後押ししている。インクルーシブ教育制度下で、障害のある子どもも可能な限り共に学ぶことができるように配慮していくことが求められている中で、聴覚障害児は従来より通常の学級で学ぶ者も少なくなかった。しかし、その歴史の中では「聞こえる人」に近づき、適応することが求められ、「聞こえない自分」を受け止めてもらう機会が少なく、苦しい思いをする者がいたことは忘れてはならない大きな反省点である（鷲尾2002）。また、「交流及び共同学習」が位置付けられていく中で、交流のみだけではなく子どもたちの共同学習が行われなければ、両者の関係は深まらないという議論があった（越野2007）ように、道徳的心情だけではなく、障害や障害に関わる問題について理解を深め、互いを通して自らについても知るという学びの過程が求められる。例えば京都府立ろう学校舞鶴分校・盲学校舞鶴分校では1970〜80年代という早期であるにもかかわらず、「共同教育」の実践を行っており、そこでは事前事後指導を含めた継続的な交流を通して、①障害のある子どもとない子どもが双方の集団において互いに「違う存在」であると認識する、②

「共同教育」の中で人間として同じ存在であると再認識する、③障害のある子どもたちは、障害のある子どもたちと自分たちとが人間として同じ存在であるが、障害は確かに存在するというように、障害に対する認識を深めていく、とする認識課程を整理している（金丸2017）。単発的な交流や体験に留まらない、相互に学び合う経験を通して共に生きるとはなんであるかを学ばせたい。そのために教員がすべきことは何なのか、過去に学びながら実践を積んでいくことがこれからの課題であろう。

　また、障害のない子どもたちが障害について理解していくことと共に、聞こえない子どもたちが聴覚特別支援学校に在籍していても、通常の学校に在籍していても、聞こえないありのままの自分を大切にしながら、様々な人たちと対等に関わっている力を身に付けていけるような教育も不可欠であると考える。2016年から施行された障害者差別解消法の中でも合理的配慮の起点は基本的には本人からとなっており、自らの被る（可能性のある）不利益を取り除くために相手側と話し合い、調整をすることが求められている。つまり、自分にとってどのようなときに困るのか、その時にどうしてもらえるとよいのかを知っていて、それを伝え、話し合う力が必要となってくる。もちろん、自分一人では難しいこともあるだろう。その時にはどこに（誰に）相談すればサポートしてもらえるのかを知っているということが大きな力になる。卒業後、就職、進学と進路も多様になっている。それぞれの場所で力を発揮し成長していくためにも、自分のことを知っていること、調整力は重要になってくる。福祉サービスの活用等も含め、様々な選択肢を提供し、体験することで選べる力をつけさせたい。

Ⅵ．多様化への対応

　聴覚障害についてはその聴力、補聴手段、コミュニケーション方法、教育の場等あらゆる面で個人差、多様化が広がってきている。学校選択については、公立の聴覚特別支援学校の他に、私立の聴覚障害児を対象とした学校が2校ある。一つは1920年に開校し、聴覚の最大限の活用による教育を目指す日本聾話学校、もう一つは2008年に開校した日本手話を用いてバイリンガル・バイ

カルチュラルろう教育を実践する明晴学園である。どちらの学校にあっても独自の教育方針に基づきながらも聞こえない子どもたちの全人的な豊かな発達を目指すものとしており、選択肢の幅が増えることは子どもたちにとって有益なことだろう。「伝わる」だけではなく、「考え、学ぶ力」をそれぞれの異なった教育方針の中でどのように育てていくのか、実践を通して広く議論し、より多くの利益が子どもたちに届くように共有知としていきたい。

　また、従来から聞こえないことにより言語発達に遅れが生じたり、経験不足やコミュニケーションのすれ違いによる社会性の発達の遅れが指摘されてきた（中村2013）。一方で、大鹿ら（2019）は聞こえにくさだけでは説明しきれない困難に注目し、発達障害の可能性のある聴覚障害児について全国の聴覚特別支援学校を対象に実態調査を行ってきた。文部科学省調査（2012）で用いられたチェックリストを活用した平成29年度の調査では、小・中学部単一障害学級の33.1％に発達障害様の困難があると示され、聴児の5.1倍と高率であると指摘した。ただし、これはあくまで困難を示す者の割合であり、聞こえにくさによる二次的困難や環境要因等による影響も含まれていると推察され、すべてが発達障害によるものではないとしている。原因を明確にすることはチェックリストによる調査では困難だが、少なくない数の児童生徒が学習上、生活上に困難を示し、支援を求めているということはいえるだろう。喜屋武ら（2017）や大島（2012）など、発達障害という視点からの支援も行われつつあるが、聴児であれば発達障害について通級制度等が活用できるものの、聴覚特別支援学校では単一障害学級か重複学級かの二択しかない。聴覚特別支援学校でも在籍児童生徒の多様化に対応すべく、さらに多様な学びの方法が求められている。

　聴覚障害児をめぐる環境は大きく変化し、かつ多様化している。その中で自分にとって必要な選択を行い、力をつけていくことは彼らにとって新たな課題である。我々教育者も科学的・医学的知見に基づきながらニーズに対応していけるよう一層の探求をしていきたい。

文献

藤本裕人（2012）第3章聴覚障害教育の動向と展望、ろう教育科学会編、聴覚障害教育の歴史と展望、風間書房、93-105。
福嶋義光（2006）2. なぜ難聴の遺伝子診断か、宇佐美真一編、きこえと遺伝子―難聴

の遺伝子診断と遺伝カウンセリング―、金原出版、7-13。

林田真志・河野そらみ・河原麻子（2018）小学校の難聴特別支援学級における自立活動に関する実態調査、特別支援教育実践センター研究紀要、16, 1-8。

廣田栄子（2013）乳幼児難聴の聴覚医学的問題「早期診断と早期療育における問題点」、Audiology Japan, 56, 199-211。

廣田栄子・齋藤佐和・大沼直紀（2019）聴覚障害児の早期介入に関する検討：全国聴覚特別支援学校乳幼児教育相談調査、Audiology Japan, 62, 224-234。

細谷誠（2019）ヒトiPS細胞の内耳病変研究への応用と未来への展望―その長所・短所と位置付け―、Oto Japan, 29（2）, 131-136。

井戸伸之・左藤敦子（2018）通級指導教室（難聴・言語障害）と特別支援学校（聴覚障害）における連携および協力の現状と課題、筑波大学特別支援教育研究、12, 73-81。

石川浩太郎（2018）補聴器の最近の進歩とフィッティング、日本耳鼻咽喉科学会会報、121（12）, 1523-1525。

岩田吉生（2015）小学校に在籍する聴覚障害児の保護者の教育支援に関するニーズ調査―2014年度・保護者に対する質問紙調査を通して―、障害者教育・福祉学研究、11, 27-32。

金丸彰寿（2017）1971-88年における京都府北部の「共同教育」実践の展開過程：「9歳の壁」の導入に着目して、神戸大学大学院人間発達環境学研究科研究紀要, 10（2）, 105-119。

Kanemaru S, Umeda H, Kitani Y et al.（2011）Regenerative treatment for tympanic membrane perforation, Otology & Neurolotology, 32, 1218-1223.

Kimberling WJ（1999）Genetic testing of hearing loss disorders: Hashimoto I, et al.（eds）, Novel findings of gene diagnosis, regulation of gene expression, and gene therapy, Molecular Medicine, Elsevier Science B.V., Amsterdam, 21-30.

木村晴美・市田泰弘（1995）ろう文化宣言―言語的少数者としてのろう者（聾文化宣言）、現代思想, 23（3）, 354-362。

厚生労働省（2016）新生児聴覚検査の実施について、https://www.mhlw.go.jp/file/04-Houdouhappyou-11908000-Koyoukintoujidoukateikyoku-Boshihokenka/tyoukaku2.pdf（2020年6月21日閲覧）。

厚生労働省（2017）医療・介護関係事業者における個人情報の適切な取扱いのためのガイダンス、https://www.mhlw.go.jp/file/06-Seisakujouhou-12600000-Seisakutoukatsukan/0000194232.pdf（2020年6月27日閲覧）。

越野和之（2007）特別支援教育構想と「交流及び共同学習」の位置、障害者問題研究, 35, 100-107。

喜屋武睦・濱田豊彦・大鹿綾・天野貴博・岩田能理子・鈴木友里恵（2017）発達障害様の困難を示す聴覚障害児に対する教材及び支援方法の工夫に関する一考察（2）、

東京学芸大学紀要総合教育科学系 , 68(2), 221-226。

京都大学（2007）ニュースリリース ヒト人工多能性幹細胞（iPS 細胞）の樹立に成功、https://www.kyoto-u.ac.jp/notice/05_news/documents/071121_11.htm（2020 年 8 月 22 日閲覧）。

三科潤（2007）新生児聴覚スクリーニングの現状と今後の課題、小児保健研究 , 66(1), 3-9。

文部科学省（2003）今後の特別支援教育の在り方について（最終報告）、https://www.mext.go.jp/b_menu/shingi/chousa/shotou/054/shiryo/attach/1361204.htm（2020 年 6 月 29 日閲覧）。

文部科学省（2008）小学校学習指導要領解説総則編、https://www.mext.go.jp/a_menu/shotou/new-cs/youryou/1356248.htm（2020 年 6 月 27 日閲覧）。

文部科学省（2009）特別支援学校学習指導要領解説総則等編（幼稚部・小学部・中学部）、https://www.mext.go.jp/a_menu/shotou/new-cs/youryou/1278527.htm（2020 年 6 月 27 日閲覧）。

文部科学省（2012）共生社会の形成に向けたインクルーシブ教育システム構築のための特別支援教育の推進（報告）、https://www.mext.go.jp/b_menu/shingi/chukyo/chukyo3/044/houkoku/1321667.htm（2020 年 6 月 27 日閲覧）。

文部科学省（2012）通常の学校に在籍する発達障害の可能性のある特別な教育的支援を必要とする児童生徒に関する調査結果について、https://www.mext.go.jp/a_menu/shotou/tokubetu/material/1328729.htm（2020 年 6 月 27 日閲覧）。

文部科学省（2019）交流及び共同学習ガイド. https://www.mext.go.jp/a_menu/shotou/tokubetu/__icsFiles/afieldfile/2019/04/11/1413898_01.pdf（2020 年 8 月 22 日閲覧）。

文部科学省（2020）特別支援教育資料（平成 30 年度）、https://www.mext.go.jp/a_menu/shotou/tokubetu/material/1406456_00001.htm（2020 年 6 月 21 日閲覧）。

森尚彰（2015）日本における人工内耳の現状、保健医療学雑誌 , 6(1), 15-23。

内閣府（2013）障害者基本法、https://www8.cao.go.jp/shougai/suishin/kihonhou/s45-84.html（2020 年 6 月 27 日閲覧）。

中村哲志（2013）第 5 章聴覚障害特別支援学校における教育の内容と方法　第 2 節小学部 . 中野喜達・根本匡文編著 , 改訂版聴覚障害教育の基本と実際、田研出版 , 88-103。

難聴児の早期支援に向けた保健・医療・福祉・教育の連携プロジェクトチーム（2019）難聴児の早期支援に向けた保健・医療・福祉・教育の連携プロジェクト報告、https://www.mhlw.go.jp/content/12200000/000517014.pdf（2020 年 6 月 21 日閲覧）。

日本学校保健会（2004）難聴児生徒へのきこえの支援—補聴器・人工内耳を使っている児童生徒のために—、https://www.gakkohoken.jp/uploads/books/photos/a00035a4d8026657a6b6.pdf（2020 年 6 月 21 日閲覧）。

日本医学会（2011）医療における遺伝学的検査・診断に関するガイドライン、http://
　jams.med.or.jp/guideline/genetics-diagnosis.html（2020年6月27日閲覧）。

日本産婦人科医会母子保健部会（2017）新生児聴覚スクリーニング検査に関するアンケー
　ト調査報告、http://www.jaog.or.jp/wp/wp-content/uploads/2017/09/2017hearing.pdf
　（2020年6月29日閲覧）。

日本耳鼻咽喉科学会（2014）小児人工内耳適応基準、http://www.jibika.or.jp/members/
　iinkaikara/artificial_inner_ear.html.（2020年6月21日閲覧）。

日本耳鼻咽喉科学会　福祉医療・乳幼児委員会（2016）新生児聴覚スクリーニングマ
　ニュアル─産科・小児科・耳鼻咽喉科医師、助産師・看護師の皆様へ─、日本耳鼻
　咽喉科学会、http://www.jibika.or.jp/members/publish/hearing_screening.pdf（2020
　年6月21日閲覧）。

庭野賀津子・髙屋隆男・茂木成友・大西孝志（2020）東北地方における難聴児の補聴
　機器装用の実態、東北福祉大学教育・教職センター特別支援教育研究年報 , 12,
　35-43。

岡田慎一・姫野まどか・新井峻・小室久美子・阿瀬雄治・高橋邦明・宇佐神正海（2010）
　乳幼児における補聴器装用開始年齢の変化─茨城県メディカルセンターの30年間
　のデータから─、Audiology Japan, 53, 54-61。

岡田慎一・新井峻・小室久美子・内田紗保子・高橋邦明（2015）乳幼児における補聴
　器装用開始年齢　2009─2014年について、Audiology Japan, 58(5), 419-420。

大鹿綾・渡部杏菜・濵田豊彦（2019）特別支援教育制度開始以降の発達障害の可能性
　のある聴覚特別支援学校在籍児に関する研究─過去10年の全国聴覚特別支援学校
　調査の動向─、聴覚言語障害 , 48(2), 91-105。

大島光代（2012）聴覚障害と発達障害を併せ有する幼児・児童への音韻意識の獲得を
　目指した支援からの考察、保育士養成研究、(30), 21-30。

佐治直樹（2019）教育セミナー2　難聴と認知症に関する臨床研究の最近の話題、
　Audiology Japan, 62(5), 346。

佐藤操・新井敏彦・武田篤（2018）聴覚支援学校乳幼児教育相談における新たな早期
　支援プログラムの実践、秋田大学教育文化学部教育実践研究紀要 , 40, 129-138。

寺岡正人・羽藤直人（2016）小児人工内耳手術例における補聴器装用開始時期に関す
　る検討、Audiology Japan, 59(5), 407-408。

富澤晃文（2017）第Ⅱ章第1節乳幼児の純音聴力測定：VRAによる気導・骨導聴力の
　把握 . 大沼直紀監修、教育オーディオロジーハンドブック、ジアース教育新社、
　76-85。

富澤晃文・佐久間嘉子・遠藤まゆみ・坂田英明・加茂君孝（2013）0歳代から補聴器
　を装用した乳幼児のきこえの発達─EASD質問紙による継時的評価から─、小児耳
　鼻咽喉科 , 34(1), 53-60。

聴覚障害者教育福祉協会聴覚障害乳幼児教育相談研究委員会（2019）聴覚障害乳幼

児の教育相談の指導と現状―特別支援学校（聴覚）乳幼児教育相談の専門性を高め
　　安定的運営ができるようにするために―、平成 30 年度「特別支援教育に関する教
　　職員等の資質向上事業（民間団体等を活用した特別支援教育の理解啓発）」平成 30
　　年 度 聴 覚 障 害 乳 幼 児 教 育 相 談 研 究 会 成 果 報 告 書、http://choukaku.com/file/
　　2018houkokusho1.pdf（2020 年 6 月 21 日閲覧）。
山田奈保子・西尾信哉・岩崎聡・工穣・宇佐美真一・福島邦博・笠井紀夫（2012）人
　　工内耳と補聴器の装用開始年齢による言語発達検査結果の検討、Audiology Japan,
　　55, 175-181。
山本和央（2018）培養鼻腔粘膜上皮細胞シート移植による中耳粘膜再生の実現、
　　Otology Japan, 28(3), 133-13。
安田遥・濵田豊彦・大鹿綾（2012）通常の学校に在籍する聴覚障害児の学級適応、広
　　島大学大学院教育学研究科特別支援教育実践センター研究紀要 , 10, 25-31。
鷲尾純一（2002）インテグレーション環境で学ぶ聴覚障害児・者への教育的支援、特
　　殊教育学研究 , 39(4), 91-97。
Wikipedia（2020）聴覚障害者　https://ja.wikipedia.org/wiki/%E8%81%B4%E8%A6%9A
　　%E9%9A%9C%E5%AE%B3%E8%80%85（2020 年 6 月 27 日閲覧）。

SNE ジャーナル，26(1)，2020，33 – 47

特　集

知的障害児の特別な教育的ニーズと心理教育的介入

池田　吉史

（上越教育大学）

　本稿は、知的障害児の特別な教育的ニーズに適切に対応するために必要なアセスメントと支援の視点について考察することを目的とした。まず、知的障害児の児童生徒数が増加傾向にあること、そして発達障害や精神障害を重複する知的障害児が少なくないことを確認し、知的障害児の実態が多様であることを明らかにした。次に、多様な実態に対応するための多次元的アプローチについて確認し、特に知的障害の定義に含まれる適応行動が以前より重視される傾向にあることを明らかにした。そして、適応行動の背景要因として実行機能が注目されること、適応行動の阻害要因となりうるチャレンジング行動（問題行動）の背景要因として愛着障害が注目されることを確認した。最後に、実行機能や愛着障害を含めて生物－心理－社会モデルの観点から包括的にアセスメントを実施し、教職員と心理士等の専門スタッフとの連携を図りながら支援を実施することが重要であることを確認した。

キーワード

知的機能　intellectual functioning

適応行動　adaptive behavior

チャレンジング行動　challenging behavior

実行機能　executive function

愛着障害　attachment disorder

はじめに

　共生社会の形成に向けて、子ども一人一人の特別な教育的ニーズに応じた特別支援教育の推進が求められている。文部科学省が2012年に公示した「共生社会の形成に向けたインクルーシブ教育システム構築のための特別支援教育の推進（報告）」[22] において、共生社会とは「誰もが相互に人格と個性を尊重し支え合い、人々の多様な在り方を相互に認め合える全員参加型の社会」であり、「これまで必ずしも十分に社会参加できるような環境になかった障害者等が、積極的に参加・貢献していくことができる社会」であると定義されている。同報告では、共生社会の形成に向けて、障害のある者と障害のない者が共に学ぶ仕組みであるインクルーシブ教育システムを構築することが教育の重要な課題であると示されている。さらに、インクルーシブ教育システムにおいて障害のある子の学習の質を保障するために、通常の学級、通級による指導、特別支援学級、特別支援学校といった連続性のある多様な学びの場を用意し、子ども一人一人の特別な教育的ニーズに応じて適切な指導及び必要な支援を行う特別支援教育の推進が重要な役割を果たすと考えられている。

　特別な教育的ニーズは、包括的な概念である。特別な教育的ニーズ（Special Educational Needs）は、1978年に英国で提出されたウォーノック報告[7] で提唱され、1994年のサラマンカ声明[32] を機に国際的な関心を集めるようになった教育学的概念である。特別な教育的ニーズは、従来の障害カテゴリだけでは捉えきれない子どもの教育的ニーズも含めて、すべての子どもの教育的ニーズを法的枠組みに取り込むために、子どもの学習困難と必要とされる特別な教育的支援に基づいて規定されるものである[18]。したがって、特別な教育的ニーズは、必ずしも障害だけに基づくものではなく、言語・文化的な背景や経済的な背景に基づくものも含まれる包括的な概念として考えられている[15]。

　言語・文化的な背景や経済的な背景に着目することは、現在の社会情勢を踏まえたインクルーシブ教育システム構築において重要である。これまでのインクルーシブ教育システム構築に向けた各国の取り組みは、各国の社会的・経済的情勢に基づき、障害のある者と障害のない者が共に学ぶことを図る「メイン

ストリーミング」の理念と、言語・文化的な背景や経済的な背景などのために教育機会を享受できなかった子どもを含むすべての子どもに教育機会を保障する「万人のための教育（Education for All）」の理念に基づいて、動向が大きく二つに分かれていた[6]。一方で、近年のグローバル社会や多文化共生社会における言語・文化的な多様性や経済的な多様性のさらなる拡大を鑑みると、これらの動向を統合させて、すべての子どもの人権保障としてのインクルーシブ教育システム構築に向けた取り組みが求められていると考えられる。したがって、障害に基づく特別な教育的ニーズだけではなく、言語・文化的な背景や経済的な背景に基づく特別な教育的ニーズにも目を向けて、つまり包括的な視点から特別な教育的ニーズを捉えることがインクルーシブ教育システム構築において重要である。

　インクルーシブ教育システム構築において、障害のある子どもの特別な教育的ニーズを包括的な視点から捉えることも重要である。WHO の国際生活機能分類（International Classification of Functioning, Disability and Health）[33] は、人間の生活機能を「心身機能・身体構造」、「活動」、「参加」の3つの次元に分け、それらと「健康状態」及び背景因子である「環境因子」と「個人因子」との相互作用を踏まえた包括的な視点からアセスメントと支援を行うことを提唱している。さらに眞城[26] は、特別な教育的ニーズを個体要因と環境要因の相互作用から包括的に捉えるとともに、相互作用の結果によって特別な教育的ニーズのある状態とない状態とが流動的に変化しうることを理解することが重要であると述べている。障害のある子どもを特別な教育的ニーズという包括的な視点から改めて見つめ直すことで、実態をより深く理解するとともに支援の選択肢を広げ、障害のある子どもの自立と社会参加、延いては共生社会の形成を促進することができると期待される。そこで本稿では、知的障害児に焦点を当て、その実態の変化を踏まえつつ、知的障害児の特別な教育的ニーズに適切に対応するために必要なアセスメントと支援の視点について考察する。

I．知的障害とは

　知的障害は、知的機能と適応行動の低さによって特徴づけられる神経発達障害である。アメリカ精神医学会の「精神疾患の診断・統計マニュアル第5版(DSM-5)」[2] では、知的障害は「発達期に発症し、概念的、社会的、および実用的な領域における知的機能と適応機能両面の欠陥を含む障害である」と定義されている。また、米国知的・発達障害協会（AAIDD）は、2010年に出版した『知的障害　定義、分類、および支援体系第11版』において「知的障害は、知的機能と適応行動（概念的、社会的および実用的な適応スキルによって表される）の双方の明らかな制約によって特徴づけられる能力障害である」と定義している[1]。両者に適応機能と適応行動という用語の相違こそあるが、知的障害は、知的機能と適応行動の両面の制約が発達期に生じ、それによって個人に自立と社会参加の困難がもたらされた状態のことであると考えられる。

　知的機能は、推論する、計画する、問題を解決する、抽象的に思考する、複雑な考えを理解する、速やかに学習する、経験から学習するといった要素を含んでおり、周囲の環境を理解するための広く深い能力である[1]。知的機能は、WISC-IV（日本文化科学社）やWAIS-IV（日本文化科学社）、WPPSI-III（日本文化科学社）、K-ABC-II（丸善出版）、田中ビネー式知能検査V（田研出版）などの知能検査によって評価されることが多い。例えば、WISC-IVは、知能を一般因子（全検査IQ）と特殊因子（言語理解、知覚推理、ワーキングメモリ、処理速度）から構成される階層的多因子構造として捉え、各指標領域を評価する複数の検査を通して、対象児の発達水準や個人内差を評価する。

　適応行動とは、日常生活において人々が学習し、発揮する概念的スキル、社会的スキルおよび実用的スキルの集合である[1]。概念的スキルには、読み書きや金銭、時間などの概念に関連したスキルが含まれる。社会的スキルには、対人的スキル、社会的責任、規則や法律を守ることなどが含まれる。実用的スキルには、身の回りの世話、健康管理、交通機関の利用などが含まれる。代表的な検査には、Vineland-II適応行動尺度（日本文化科学社）、S-M社会生活能力検査第3版（日本文化科学社）、ASA旭出式社会適応スキル検査（日本文化科

学社）がある。例えば、Vineland-II適応行動尺度は、コミュニケーション、日常生活スキル、社会性、運動スキルという4つの適応行動領域において、対象者が支援なしにどれくらいの頻度で当該の行動を起こすかを保護者や支援者との半構造化面接を通して評価する。

Ⅱ．知的障害児の実態

　知的障害児が増加傾向にある。文部科学省の学校基本統計（学校基本調査結果）によれば、特別支援学校（幼稚部・小学部・中学部・高等部）に在籍する知的障害の児童生徒数は、2008年の96,924名から2019年の131,985名まで漸次的に増加する傾向にある（全体1.36倍、幼稚部0.97倍、小学部1.37倍、中学部1.21倍、高等部1.43倍）。また、特別支援学級（小学校・中学校）に在籍する知的障害の児童生徒数も、2008年の71,264名から2019年の128,567名まで漸次的に増加する傾向にある（全体1.80倍、小学校1.92倍、中学校1.57倍）。特別支援学校と特別支援学級を合わせると、過去十余年における知的障害の児童生徒数の上昇率は1.55倍であり、自閉症・情緒障害を除く他の障害種の児童生徒数よりも変化が著しい（肢体不自由1.03倍、病弱・身体虚弱1.09倍、視覚障害・弱視0.93倍、聴覚障害・難聴1.04倍、言語障害1.10倍、自閉症・情緒障害3.10倍）。なお、知的障害以外の障害種は、通級による指導の対象である。文部科学省の「通級による指導実施状況調査」結果に基づいて、特別支援学校と特別支援学級、通級による指導を合わせて比較した場合でも、知的障害の児童生徒数の上昇率（1.55倍）は、自閉症・情緒障害を除く他の障害種の児童生徒数よりも変化が著しい（肢体不自由1.04倍、病弱・身体虚弱1.09倍、視覚障害・弱視0.95倍、聴覚障害・難聴1.06倍、言語障害1.32倍、自閉症・情緒障害3.31倍）。したがって、知的障害児に対する特別支援教育の推進は、ますます重要性を増している。

　重複障害のある知的障害児が少なくない。第一に、特別支援教育の対象である他の障害種との重複が指摘されている。視覚障害（弱視）、聴覚障害（難聴）、肢体不自由、病弱（身体虚弱を含む）との重複に加え、特に発達障害との重複が指摘されている。例えば、高宮[29]は、特別支援教育総合研究所と全

国特別支援学校知的障害教育校長会の各々が実施した調査結果を踏まえて、特別支援学校に在籍する知的障害の児童生徒の4〜5割が自閉スペクトラム症や注意欠如・多動症等の発達障害を併せ持つと推察している。さらに、高宮[29]は、限局性学習症についても、全般的な知的発達の遅れがないことが定義に含まれるため知的障害と重複して診断を受けることはないが、状態像として知的障害と合併している可能性を示唆している。第二に、特別支援教育の対象となる障害種以外の精神障害との重複が指摘されている。例えば、Einfeldら[8]は、系統的レビューにおいて、不安障害や気分障害、素行障害等の精神障害を重複している知的障害児の割合は30〜50%であり、知的障害児は知的障害のない子どもよりも精神障害のリスクが2.8〜4.5倍高いことを明らかにしている。さらに、知的障害児における精神障害の重症度は、知的機能の重症度よりも保護者の精神衛生に強く影響を与えること、自立生活や職場適応と関連することが指摘されており、精神障害に対する介入の重要性が示唆されている[3, 8]。一方で、精神障害に対する適切な介入を受けている知的障害児の割合はきわめて小さいことも示唆されている[24]。したがって、実態の多様性をもたらす重複障害の影響を含めて、知的障害児の特別な教育的ニーズを多面的に捉えることが適切かつ必要な指導及び支援を行うために重要であると考えられる。

Ⅲ. 多次元的アプローチ

　知的障害児一人一人の特別な教育的ニーズを理解するための多次元的アプローチが提唱されている。AAIDD[1]は、知的障害の「障害」を"個人の能力の低さ"としてではなく、個人の能力と個人が役割を果たす情況の不一致によって結果的にもたらされる"人としての働きの制約"として捉える「人としての働きの概念的枠組み」を提唱している。すなわち、知的障害を個人要因と環境要因を含む5つの次元（知的能力、適応行動、健康、参加、状況）の影響を受ける「人としての働き」の制約であると捉え、それぞれの次元やそれらの相互作用の影響を踏まえて個別支援を行うことで、人としての働きを高めることが重要であるとしている。

　適応行動が以前より重視される傾向にある。知的障害の定義を振り返ると、

　その背景を理解しやすい。知的障害を定義する方法として、これまで社会的ア
プローチ、臨床的アプローチ、知的アプローチ、二重基準アプローチの4つが
この順に用いられてきた[1]。社会的アプローチは、その人が暮らす環境に適応
することができるかどうかを重視するものである。その後、中近世の科学の進
歩とともに、器質性や遺伝、病理学に基づく医学モデルを重視する臨床的アプ
ローチが用いられるようになった。その結果、医学的な症候群や臨床的な症候
群に焦点が当てられるようになり、次第に社会的アプローチが排除されるよう
になった。20世紀に入り、知能の概念の登場と心理検査運動の台頭により、
知能指数（IQ）で表される知的機能を重視する知的アプローチが用いられる
ようになった。しかし、知的機能は概念的スキルに関する狭い尺度しか提供せ
ず、社会的スキルや実用的スキルなどの個人の機能の重要な側面が無視されて
いるという批判の声が高まり、1960年頃から知的機能と適応行動の両方を体
系的に用いて知的障害を診断することを重視する二重基準アプローチが用いら
れるようになった。このように、知的機能だけでは捉えきれない個人の機能を
評価する観点の一つとして適応行動の概念は登場したのである。
　適応行動の発達水準は、必ずしも知的機能の発達水準と一致するとは限らな
い。例えば、ある知的障害児のVineland-II適応行動尺度で評価された評価さ
れた適応行動の発達水準が、WISC-IVで評価された知的機能の発達水準よりも
低いという事態が起こりうる。このような知的機能と適応行動との間の乖離が
生じる背景には、少なくとも以下の2点が考えられる。1点目は、知的機能と
適応行動のそれぞれが含む領域の相違である。知的機能は概念的スキルに関す
る尺度を提供し、社会的スキルや実用的スキルに関しては十分な尺度を提供し
ないが、適応行動はこれらの3つのスキルを含む概念である。2点目は、能力
と行動の相違である[30]。知的機能は、多くの場合に知能検査で評価されること
から、どのように取り組むかが明示的に教示された環境下で測定されたその人
の最大限の知的能力であると言うことができる。これに対して、適応行動は、
多くの場合に日常生活における行動の様子から評価されることから、知的能力
を自発的に発揮して起こした行動であると言うことができる。知的能力がなけ
ればそれに見合った行動は起こらないが、知的能力があっても必要な時にそれ
をうまく発揮できなければ行動は十分とはならない。いずれにしても、適応行

動は、必要な支援ニーズの強さを明確にする観点だと考えられる。

　適応行動の観点から適切な支援を行うことは、特別支援教育の重要な課題の一つである。適応行動は日常生活において支援なしに自ら起こしている行動の様子であるため、適応行動を高めることは知的障害児の自立と社会参加を促すことに直接的につながると考えられる。実際に、DSM-5[2]では、必要とされる支援のレベルを決めるのは知的機能ではなく適応機能であるとされ、重症度レベルは従来のようにIQ（知能指数）で分類するのではなく、適応機能の3つの領域である概念的（学問的）領域、社会的領域、実用的領域の適応水準に基づいて分類されている。一方で、Tasséら[31]は、知的機能と適応行動の間に有意な相関関係は見られるが、それは必ずしも因果関係を表しておらず、知的障害の診断手続きにおいては知的機能と適応行動の両面を対等に評価するべきであるとも指摘している。いずれにしても、適応行動の発達水準は、知的機能の発達水準だけでは十分に説明することができないため、適応行動の観点から適切な支援を行うためには、知的機能以外の背景要因も考慮する必要がある[14]。

Ⅳ．適応行動と実行機能

　近年、知的障害児の実行機能（executive functions）に対する関心が高まっている。実行機能とは、課題解決や目標達成を効率良く行うために、思考・行動・情動を意識的に制御する高次脳機能である[4]。実行機能は、目標志向的行動に関わる実行機能と社会的行動に関わる実行機能に大きく分類される[11] [13]。2010年に知的障害研究の国際的な学術誌であるJournal of Intellectual Disability Researchにおいて "Working Memory and Executive Functioning in Individuals with Intellectual Disabilities" という特集が2号にわたって組まれた。知的障害者の実行機能を検討することの意義について、Henryら[10]は、実行機能が知能の重要な役割を有しており、知的障害者の実行機能の問題を検討することは彼らが日常生活で抱える多くの問題を理解する手助けとなる可能性があるとしている。

　知的機能と適応行動との乖離には、その背景要因の一つとして、実行機能の弱さが関与していると考えられる。知的機能がいくら高くても、目の前の活動

に計画的に取り組んだり、感情をコントロールしながら活動に取り組んだりできないと、つまり実行機能が弱いと適切な行動を起こすことは困難となる。実行機能の弱さは、注意欠如・多動症や自閉スペクトラム症などの発達障害において注目されているが、知的障害においても実験心理学的研究や神経科学的研究から実行機能の弱さが指摘されている[11, 12, 14]。特に、知的障害児では、さまざまな実行機能の弱さから、知的機能から期待される発達水準に適応行動が達していない状況がしばしば生じていることが示唆されている[14]。さらに、このような知的障害児における実行機能の特異的な弱さが適応行動の一部と関連することが示唆されている[14]。したがって、知的障害児の実行機能に着目することは、適応行動を高めるための支援方法を考案する手がかりを得るために重要だと考えられる。

Ⅳ．チャレンジング行動と愛着障害

　知的障害児のチャレンジング行動に対する関心も高まっている。チャレンジング行動とは、個人の日常機能を妨げるほどの強度、頻度あるいは持続時間のあるあらゆる行動と定義される[9]。知的障害児でよく見られるチャレンジング行動は、攻撃行動、自傷行為、常同行動である[25]。Nichollsら[25]は、特別支援学校に通う知的障害児を対象とした調査を実施し、攻撃行動を示す児童生徒は30.2%、自傷行為を示す児童生徒は36.4%、常同行動を示す児童生徒は25.9%、少なくともいずれか一つのチャレンジング行動を示す児童生徒は53%に上ることを明らかにしている。チャレンジング行動の生起率は、定型発達児よりも知的障害児において高いこと[5]、そして特に知的障害のみの子どもよりも知的障害を伴う自閉スペクトラム症児において高いことが指摘されている[21, 27]。さらに、知的障害児のチャレンジング行動は、注意喚起、感情や要求の伝達、課題回避、自己刺激、身体的不快感・痛みの低減などの機能を果たしていると考えられている[28]。また、チャレンジング行動が現れることで、活動への適切な取り組みが妨げられ、延いては適応行動の獲得が妨げられる可能性が示唆されている[25]。したがって、活動への適切な取り組みを促し、適応行動を高めるためにも、知的障害児のチャレンジング行動に着目し、必要な支援を行うことが重

要であると考えられる。

　チャレンジング行動と愛着障害との関連が指摘されている。愛着とは、「特定の人と結ぶ情緒的なこころの絆」のことである[34]。愛着形成に問題を抱える子どもは、基本的信頼感を獲得することが難しく、他者との共感的関わりが希薄になったり、逆に過剰になったりする。共感的関わりが乏しいタイプは反応性愛着障害と呼ばれ、このタイプの子どもは、不安や恐怖などのネガティブな感情を感じてもそれを和らげるために他者との関わりを求めたりせず、時としてあまのじゃくな言動をとってしまうこともある。共感的関わりを強く求めるタイプは脱抑制型対人交流障害と呼ばれ、このタイプの子どもは、愛着を求める傾向があるが、その対象が特定の人に限定されず、誰かれ構わずに愛着を求め、しばしば知らない人にも積極的に近づき交流する。愛着障害のある子どもは、気持ちをコントロールすることの弱さ、不快な感情に起因する多動傾向あるいは他の子どものとの交流の乏しさなどの問題を示しやすい。Janssenら[17]は、愛着の問題が知的障害児におけるチャレンジング行動の生起に関連している可能性を指摘している。さらに、Sappokら[27]は、知的障害者のチャレンジング行動と情緒発達の低さとの関連を報告しており、愛着形成過程で育まれるべき感情理解や感情コントロールが未発達であるためにさまざまなチャレンジング行動がもたらされている可能性が示唆されている。したがって、愛着障害という視点に立つことで、チャレンジング行動の一端に対する理解を深めることができると期待される。

V．アセスメントと支援

　知的障害児の多様な実態を適切に把握するために、生物−心理−社会モデル（Bio-Psycho-Social Model）に基づいてアセスメントを実施することが重要である。知的障害児の実態を生物システムと心理システム、社会システムの視点から多元的に捉え、それらの相互作用について考察することで問題の所在や支援方法を見出すことが容易になる。**図1**は、発達障害の生物−心理−社会モデル[20]である。このモデルに基づいて、5つのステップが考えられる[16]。第一に、子どもの行動を明らかにすることである（学習面・行動面のつまずき、自

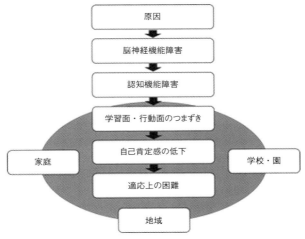

図1　発達障害の生物－心理－社会モデル[20]

己肯定感の低下、適応上の困難）。日常生活場面におけるエピソードを学習面、生活面、社会面などの観点から多面的に記述する。その際、チャレンジング行動が現れる頻度について記述することも重要である。チャレンジング行動は、発達障害に基づく場合はいつも見られるのに対して、愛着障害に基づく場合はムラがあることが多いためである。さらに、自己肯定感や不安などの精神障害に関連する状態についても記述することで支援の緊急性を測ることができると考えられる。第二に、個人特性を明らかにすることである（脳神経機能障害、認知機能障害）。医療機関への受診や知能検査等の心理アセスメントを通して、どのような障害特性があるかに加え、知的機能、実行機能、社会的コミュニケーション等の認知機能特性を評価する。第三に、環境要因を明らかにすることである（家庭、地域、学校・園）。家庭環境や言語環境、生育歴等の発達に影響を与える要因を把握するとともに、放課後等デイサービス等の地域で利用できるサービスなどについても情報を集めることが必要である。第四に、支援ニーズを明らかにすることである。支援ニーズを明らかにするにあたって、子どものつまずきがなぜ起こっているのかを、個人特性や環境要因を関連づけて分析することが重要である。第五に、支援の仮説をつくり出すことである。アセスメントは、子どもの困難がどのようなメカニズムによって生起しているの

かをさまざまな情報を基に推論し、仮説をつくり出す過程である[19]。その仮説に基づいて、課題や環境、関わり方の調整を行ったり、子どもに必要なスキルを身につけさせたりといった支援を行う。子どもが問題行動の代わりにとるべき適切な行動をとることができたときに、あるいは目の前の活動に適切に取り組むことができるようになったときに、仮説が証明されたことになる。

　知的障害児の多様な実態に応じて適切に支援を行うために、支援者間による連携・協働が重要である。文部科学省が2015に公示した「チームとしての学校の在り方と今後の改善方策について（答申）」[23] において、「これからの学校が教育課程の改善等を実現し、複雑化・多様化した課題を解決していくためには、学校の組織としての在り方や、学校の組織文化に基づく業務の在り方などを見直し、『チームとしての学校』を作り上げていくことが大切である」と指摘され、「多様な専門性を持つ職員の配置を進め、チームとして連携・協働を進める学校づくりを提言するとともに、そのなかで管理職のリーダーシップや校務の在り方、教職員の働き方の見直しを行うことが必要である」ことが示されている。さらに同答申では、「チームとしての学校」の実現のために、「専門性に基づくチーム体制の構築」、「学校のマネジメント機能の強化」、「教職員一人一人が力を発揮できる環境の整備」の3つの視点から整備を進めていく必要があることが示されている。具体的な改善方策の一つとして、教員以外の専門スタッフの参画が挙げられている。心理や福祉に関する専門スタッフ（スクールカウンセラー、スクールソーシャルワーカー）、授業等において教員を支援する専門スタッフ（ICT支援員、学校司書、英語指導を行う外部人材と外国語指導助手（ALT）等、補習など学校における教育活動を充実させるためのサポートスタッフ）、部活動に関する専門スタッフ（部活動指導員（仮称））、特別支援教育に関する専門スタッフ（医療的ケアを行う看護師等、特別支援教育支援員、言語聴覚士（ST）、作業療法士（OT）、理学療法士（PT）等の外部専門家、就職支援コーディネーター）などである。知的障害児の多様な特別な教育的ニーズに応じた支援を行うために、個別の教育支援計画や個別の指導計画を軸とした教職員と専門スタッフとの連携・協働が求められている。

おわりに

　支援は、知的障害児の問題行動を減らすためだけに行うのではない。問題行動をとってしまうこと自体も問題ではあるが、結果として目の前の活動に適切に取り組むことができないことがより本質的な問題だと考えられる。活動に適切に取り組むことができないと、学習を積み重ねられず、自立や社会参加に必要なスキルを身につけることができないばかりか、失敗経験を重ねた結果として自尊感情が低下し、さまざまな二次障害が生じてしまうからである。そのため、問題行動を減らすためだけではなく、知的障害児が活動に適切に取り組むことができるように支援をすることも重要である。とはいえ、例えば実行機能の視点から活動に適切に取り組むことを促す支援を行うだけでは、支援が成功しないこともある。特に、知的障害児が愛着の問題に基づいたチャレンジング行動を示す場合である。したがって、知的障害児の特別な教育的ニーズの多様性を踏まえ、実行機能や愛着の視点も含めて生物－心理－社会モデルの観点から包括的にアセスメントを実施すること、そして「チームとしての学校」の理念に基づいて教職員と心理士等の専門スタッフとの連携・協働を図りながら支援を実施することが、知的障害児に対する特別支援教育をこれからますます推進する上で重要であると言うことができる。

引用文献

1) American Association on Intellectual and Developmental Disabilities. (2010). *Intellectual disabilities: Definition, classification, and systems of supports* (11th ed.). 太田俊己・金子健・原仁・湯汲英史・沼田千妤子（共訳）. (2012). AAIDD 米国知的・発達障害協会知的障害定義, 分類および支援体系第11版. 日本発達障害福祉連盟.

2) American Psychiatric Association. (2013). *Diagnostic and statistical manual of mental disorders.* 5th ed. Arlington: American Psychiatric Publishing. 高橋三郎・大野裕（監訳）. (2014). DSM-5精神疾患の診断・統計マニュアル. 医学書院.

3) Anderson, D. J., Lakin, K. C., Hill, B. K., & Chen, T. H. (1992). Social integration of older persons with mental retardation in residential facilities. *American Journal on Mental Retardation, 96,* 488-501.

4) Ardila, A. (2008). On the evolutionary origins of executive functions. *Brain and*

Cognition, 68, 92-99.

5) Bowring, D. L., Totsika, V., Hastings, R. P., Toogood, S., & Griffith, G. M.（2017）. Challenging behaviours in adults with an intellectual disability: A total population study and exploration of risk indices. *British Journal of Clinical Psychology, 56*, 16-32.

6) D'Alessio, S.（2012）. Inclusive education and special needs education. In S. D'Alessio （Ed.）, *Inclusive education in Italy*（pp.23-42）. Rotterdam: Sense.

7) Department of Education and Science（DES）.（1978）. Special Educational Needs: A Report of the Committee of Enquiry into the Education of Handicapped Children and Young People. London: HMSO.

8) Einfeld, S. L., Ellis, L. A., & Emerson, E.（2011）. Comorbidity of intellectual disability and mental disorder in children and adolescents: A systematic review. *Journal of Intellectual and Developmental Disability, 36*, 137-143.

9) Emerson, E., & Einfeld, S. L.（2011）. *Challenging behaviour*（3rd ed.）. Cambridge: Cambridge University Press.

10) Henry, L., Cornoldi, C., & Mähler, C.（2010）. Special issues on 'working memory and executive functioning in individuals with intellectual disabilities'. *Journal of Intellectual Disability Research, 54*, 293-294.

11) 池田吉史.（2013）. 発達障害及び知的障害と実行機能. SNE ジャーナル，*19*，21-36.

12) 池田吉史.（2016）. 発達障害及び知的障害の実行機能と脳病理. *Journal of Inclusive Education*，*1*，132-139.

13) 池田吉史.（2018）. 知的障害児の自己制御の支援. 森口佑介（編著），自己制御の発達と支援（pp.66-77）. 金子書房.

14) 池田吉史.（2019a）. 知的発達障害の心理学研究. 北洋輔・平田正吾（編著）発達障害の心理学：特別支援教育を支えるエビデンス（pp.42-56）. 福村出版.

15) 池田吉史.（2019b）. 特別な教育的ニーズのある子どもの実行機能：母国語や貧困等の問題との関連. 上越教育大学特別支援教育実践研究センター紀要，*25*，1-5.

16) 池田吉史.（2020）.「困っている子ども」のアセスメントと校内支援システム. 高橋智・加瀬進（監修）現代の特別ニーズ教育（pp.116-124）. 文理閣.

17) Janssen, C. G. C., Schuengel, C., & Stolk, J.（2002）. Understanding challenging behaviour in people with severe and profound intellectual disability: A stress-attachment model. *Journal of Intellectual Disability Research, 46*, 445-453.

18) 河合康.（2007）. イギリスにおけるインテグレーション及びインクルージョンをめぐる施策の展開. 上越教育大学研究紀要，*26*，381-397.

19) 前川久男.（2013）. 発達障害のアセスメントとその目的. 前川久男・梅永雄二・中山健（編）発達障害の理解と支援のためのアセスメント（pp.1-17），日本文化科学社.

20) 松田修.（2015）. WISC-IVによるアセスメントの手順. 上野一彦・松田修・小林玄・木下智子（著）日本版 WISC-IV による発達障害のアセスメント─代表的な指標パ

ターンの解釈と事例紹介(pp. 51-92)，日本文化科学社.

21) McCarthy, J., Hemmings, C., Kravariti, E., Dworzynski, K., Holt, G., Bouras, N., & Tsakanikos, E. (2010). Challenging behavior and co-morbid psychopathology in adults with intellectual disability and autism spectrum disorders. *Research in Developmental Disabilities*, *31*, 362-366.

22) 文部科学省. (2012). 共生社会の形成に向けたインクルーシブ教育システム構築のための特別支援教育の推進(報告).

23) 文部科学省. (2015). チームとしての学校の在り方と今後の改善方策について(答申).

24) Munir, K. M. (2016). The co-occurrence of mental disorders in children and adolescents with intellectual disability/intellectual developmental disorder. *Current Opinion in Psychiatry, 29*, 95-102.

25) Nicholls, G., Hastings, R. P., & Grindle, C. (2020). Prevalence and correlates of challenging behaviour in children and young people in a special school setting. *European Journal of Special Needs Education, 35*, 40-54.

26) 眞城知巳. (2003). 図説特別な教育的ニーズ論その基礎と応用. 文理閣.

27) Sappok, T., Budczies, J., Dziobek, I., Bölte, S., Dosen, A., & Diefenbacher, A. (2014). The missing link: Delayed emotional development predicts challenging behavior in adults with intellectual disability. *Journal of Autism and Developmental Disorders*, *44*, 786-800.

28) Simó-Pinatella, D., Font-Roura, J., Alomar-Kurz, E., Giné, C., & Matson, J. L. (2014). Functional variables of challenging behavior in individuals with intellectual disabilities. *Research in Developmental Disabilities*, *35*, 2635-2643.

29) 高宮明子. (2017). 特別支援学校における在籍者の障害の「重度・重複化，多様化」に関する論考. 大阪樟蔭女子大学研究紀要, *7*, 189-196.

30) Tassé, M.J. (2017). Adaptive behavior. In K. A., Shogren, M. L., Wehmeyer, & N. N. Singh (Eds.), *Handbook of positive psychology in intellectual and developmental disabilities: Translating research into practice* (pp.201-215). New York: Springer.

31) Tassé, M. J., Luckasson, R., & Schalock, R. L. (2016). The relation between intellectual functioning and adaptive behavior in the diagnosis of intellectual disability. *Intellectual and Developmental Disabilities, 54*, 381-390.

32) United Nations Educational, Scientific and Cultural Organization (UNESCO). (1994). The Salamanca Statement and Framework for Action. Paris: UNESCO.

33) World Health Organization. (2001). International Classification of Functioning, Disability and Health. Geneva, Switzerland: World Health Organization.

34) 米澤好史. (2015). 「愛情の器」モデルに基づく愛着修復プログラム―発達障害・愛着障害 現場で正しくこどもを理解し、こどもに合った支援をする―. 福村出版.

48　　　　　　　　　　SNEジャーナル，26(1)，2020，47－63

特　集

病弱教育における現代的な課題と専門性

田中 亮
（長野県塩尻市立塩尻東小学校）

　近年注目されている病弱教育の課題をもとに、その専門性を問い、さらなる発展の方向性を論じた。病弱特別支援学校・病弱身体虚弱特別支援学級における自立活動と教科学習との連携、心身症・精神疾患の児童に対する指導法の確立などは、「医療と教育との連携をはじめとした多職種協働を前提に、自立活動の学習を基盤としながら、病気がありながらも将来を見据えて学力や生活の力をつける」という、従来から蓄積してきた専門性をさらに拡充・発展していく必要が示唆された。加えて、通常の学級における病気の子どもの支援体制・研修体制の構築、ICT・ネットワーク環境の整備による遠隔授業の実施、病気の高校生への教育の拡充などは、今後新たに蓄積していく必要がある専門性として示唆された。

I．はじめに

　病弱教育とは、病気のため、あるいは病気にかかりやすいため、継続して医療や生活規制が必要な状態の子どもへの教育と言われている（独立行政法人国立特別支援教育総合研究所2017）。その意義については、平成6年、文部省「病気療養児の教育に関する調査研究協力者会議」により、（1）積極性・自主性・

キーワード

病弱教育　Education for students with health impairments
特別ニーズ教育　Special needs education
病弱特別支援学校　Special support school for students with health impairments
病弱・身体虚弱特別支援学級　Special support class for students with health impairments
校内支援システム　In-school support system

社会性の涵養、(2) 心理的安定への寄与、(3) 病気に対する自己管理能力、(4) 治療上の効果の4点が挙げられ、現在も、教育課程編成や指導・支援の基盤とされている。明治時代の脚気罹患児童を対象とした分校形式の教育に端を発すると言われる病弱教育は、病気や身体虚弱がある子たちが将来を見据えて学力や生活の力をつけることに専門性をもつ教育として、社会情勢の変化や医学の進歩とともに、長い歴史の中で連綿と営まれてきた（日本育療学会2019）。

　近年では、小児医療はめざましい進歩を遂げ、病弱教育の領域も大きな変化の時代にあると言われている。新しい治療方針や方法の導入により、入院の短期化・頻回化、治療方法の複雑化が生じており、病気の子どもの学ぶ場や学習形態も多様化が進んでいる。それに伴い、病院内における教育の拡充、ネットワーク・ICT機器の導入、医療的ケア児への対応、災害への備えのなどの必要性が高まっている（独立行政法人国立特別支援教育総合研究所2017）。しかし、設備等の物的リソースの拡充が社会変化に追いついておらず、このような、かつては見られなかった新たな現代的課題が浮かび上がっている。

　また、現代社会においては、グローバル化や価値観等の変化に伴い、すべての子どもたちを取り巻く環境とニーズ・困難は多様化・複雑化している。そこで、すべての教職員が特別ニーズ教育の担い手であることが求められている時代であると言われており（田中2020a）、それを前提とした上で、病気の子どもたちの教育についての知識をもった高い専門性を有する教員とその養成のための研修制度の導入の必要性が高まっている。しかし、現状では、病弱特別支援学校の規模縮小や併置化、小中学校・高等学校における支援体制の未構築、病気による長期欠席児童や精神疾患・心身症の児童への対応の遅れなどが顕著な問題としてあり、十分な専門性が担保できているとは言い難い（丹羽2017; 北島ら2018）。

　実際に法律レベルでも大きな変化が見られている。2011（平成23）年の障害者基本法の改正と2013（平成25）年の障害者総合支援法の施行においては、「身体障害者」「知的障害者」「精神障害者」に加え、「治療方法が確立していない疾病その他の特殊の疾病であって政令で定めるものによる障害の程度が厚生労働大臣が定める程度である者」（いわゆる「難病者等」）が障害者福祉施策の対象として新たに追加された。また、「障害を理由とする差別の解消の推進に

関する法律」では、難病者等への合理的配慮の提供が義務付けられた。病弱教育の課題や専門性について問い直そうという社会的要請も非常に高まっていると言えよう。

　したがって、現代の病弱教育について、今一度課題と専門性について論じる必要がある。本稿では、病弱教育を取り巻く現代的な課題を整理し、専門性と照らし合わせる中で、今求められている病気の子どものニーズ・困難とそれに対応するための教育・支援の在り方について論考する。

Ⅱ．病院内における教育の課題と充実に向けた専門性

　入院中の児童生徒に対して教育を行うために病院内に設置される教育の場には、病弱特別支援学校本校・分校・分教室や小中学校の病弱・身体虚弱特別支援学級といった様々な設置形態があるが、本稿では、総称して院内学級と呼ぶこととする。院内学級においては、医療・福祉・心理・教育などの多職種協働のもとに（田中・奥住・池田2019）、学習空白の防止、不安解消、自己管理能力の育成、病気克服への意欲向上を主な目標として指導が行われている（横田2004）。川崎・郷間・玉村（2012）は、院内学級での教育を小児科医師・看護師が「医療とはまた違った面で児童をフォローできる病院内における貴重な存在」と表現している点に着目し、病院内における教育の展開には、院内学級担任と小児科医師・看護師との互いの専門性理解を基盤とする必要性について言及している。副島（2018）は、入院中の教育保障は治療上の効果につながるものであるという認識が医療側にとってなされつつあることに注目している。入院中の児童・生徒にとって、教育的刺激は学習空白を避けるためだけではなく、心理的な安定や成長・発達に必要不可欠であり、入院期間の長短を問わず必須であると言えよう。

　しかしながら、現在、院内学級の数は年々減少しており、その数が不十分であるという問題がある（全国特別支援学校病弱教育校長会2012）。このような背景の一つとして考えられるのが、政府の医療費適正化政策や小児医療の進歩に伴う入院治療の減少、病院再編による小児科病棟自体の減少である。

　さらに、院内学級で指導を受けるために必須とされている転学手続きの煩雑

さという問題も、院内学級の減少化に関与する一つの要因と推測される。稲川・伊藤（2017）は、学籍の移動による事務手続きの複雑さが本人・保護者・前籍校側がもつ院内学級への抵抗感と深く関わっていることを指摘し、指導の可能性を広げるために二重学籍等の導入を提案している。副島（2018）は、院内学級の現状と現行制度に相違が生じている可能性を問題提起した上で、制度や法律等の整備の必要性に言及している。入院中の児童生徒への途切れない教育を行うことは、学びの連続性（文部科学省中央教育審議会2015）の観点から重要であり、院内学級の存続と拡充および転学手続きの簡素化・効率化は喫緊の課題となっている。

　また、院内学級における教育の専門性という面の新たな動きにも注目したい。平成29年公示の特別支援学校学習指導要領「病弱者である児童に対する教育を行う特別支援学校の各教科の指導計画の作成と内容の取扱いに当たっての配慮事項の中に、院内学級における教育の専門性の今後の方針を示し得る内容が3点ある（全国特別支援学校病弱教育校長会2020）。

　一つ目は、「病気の状態を考慮し、学習活動を過重な負担にならないようにすること」に加え、「必要以上に制限されないようにすること」が明記された点である。また、「姿勢の保持や長時間の学習が困難な児童生徒については、姿勢の変換や適切な休養の確保などに留意する」という項目も新設された。院内学級での教育の専門性は多職種協働を基盤として成立しており、医療、看護、保育、リハビリテーション、心理、福祉等児童にかかわるすべての職種から様々な視点を取り入れた総合的な指導計画・支援計画等を策定し、児童生徒の病気の特性や病状の変化等を十分に考慮した上で、計画的かつ弾力的な学習活動の展開がより一層求められてきていると言えよう。

　二つ目は、教科学習と自立活動の指導との関連が重視された点である。健康状態の維持や管理、改善に関する内容の指導に当たっては、自己理解を深めながら学びに向かう力を高めるために、自立活動における指導と教科学習とが密接な関連を保つことで、学習効果を一層高めるようにすることとされている。この視点に立った実践は、各地で取り組まれつつあり、具体的には、体育の保健領域における「心の成長」と自立活動「心理的な安定」、家庭科「栄養バランスのとれた献立づくり」と自立活動「健康の保持」、国語の話す・聞く学習

で行う「病院内で働く人たちへのインタビュー活動」と自立活動「人間関係の形成」、理科「からだのしくみ」と自立活動「健康の保持」などが教科学習と自立活動の両者を関連させた学習として報告されている（独立行政法人国立特別支援教育総合研究所2017）。

　加えて、これまで取り上げられることの少なかった病弱教育の専門性の発端と言われているいわゆる健康学園型の学校・学級での指導・支援も参考にすることができる。本稿筆者は、現存する東京都外に立地している区立病弱特別支援学校、健康学園の4校全てを訪問し、自立活動の指導の実態に関する調査を行った。その結果、児童一人ひとりの健康課題に合わせた教育課程やグループの編成を行い、健康の保持や身体の動きなどの区分・項目に基づいた自立活動の学習と家庭科や理科、体育科の教科学習とを関連づけた学習活動を展開し、自立への基礎を養う上での成果を上げていることが明らかになった（田中・奥住 印刷中）。健康課題の改善に向けた自立活動の学習と教科学習の接点を見出し、両者の特性を活かして児童のQOL向上を目指した教育課程編成を行うという点は、学習指導要領の中の教科学習と自立活動における指導との関連を具現化することにつなげる一例である。

　三つ目は、近年急速に発達するネットワーク・ICT技術の積極的活用への言及である。具体的には、病室では体験が難しい実験や実習等をビデオ教材で学んだり、前籍校の授業を映像で記録したものを視聴したりする「間接体験」、病気のために参加できない社会科見学等に、他の児童がタブレット端末等を持って参加し、web会議システム等を用いて、互いにコミュニケーションをとりながら施設見学を行う「疑似体験」、コンピュータによって作られた仮想的な世界をあたかも現実のようにして体験する「仮想体験」が新学習指導要領において示された。入院時や病気による欠席時の体験不足を補う方法として、病気の進行状況に応じて、現代的な技術を活用することは、授業の充実に向けた新しい視点として活用が期待される。

　今後、院内学級においては、これらの3つの視点について十分考慮した上で、教育課程編成や指導法・支援法の改善を図ることが求められる。充実した実践の蓄積と教育的効果の検討により、病院内における教育の現代的な専門性の構築がなされるであろう。

Ⅲ．通常の学級における病気の子どもへ指導・支援の充実

　現在、入院の短期化・頻回化により、小児慢性特定疾患患者の約85％は通常の学級において学んでいるという報告がある（青池・宮井2016）。退院後、子どもたちが一日の大半を過ごすのは学校であり、治療や体調に合わせて充実した学校生活を送ることができるように支援を考える必要がある（泊2018）。具体的には、体調や服薬の管理、易感染状態への対応、発作や災害時等の緊急対応、支援会議・計画策定の実施、支援員の配置、教員研修の充実などが挙げられているが、そのような支援体制構築の遅れが指摘されている（猪狩2015;独立行政法人国立特別支援教育総合研究所2017）。

　本稿筆者は、通常の学級の校内支援システム構築の現状に関する調査を、全国的に見て平均的学校数・児童数を有するA県内の全小学校251校に対して行った（田中2020b）。本節では、その結果の一部から、通常の学級における病気の子どもへの指導・支援の課題と専門性を検討していきたい。

　まず、校内支援体制の構築状況の結果に関しては**表1**の通りであった。

表1　病気による配慮・支援が必要な児童に関する校内支援体制の構築状況

（調査対象 251校）

	構築されている（校）	構築率（％）
中学校との引継ぎ	134	53.4
急変時の対応マニュアル	127	50.6
保育園・幼稚園との引き継ぎ	120	47.8
疾患のある児童の保護者の相談体制	118	47.0
生命尊重について学ぶ道徳学習	95	37.8
校内委員会の設置	89	35.5
支援計画の策定	88	35.1
栄養士・栄養教諭との連携	75	29.9
休養できる部屋の確保	72	28.7
カウンセラー（心理職）との連携	72	28.7
特別支援教育コーディネーターによる支援体制	71	28.3
病気に関する理解を深める保健学習・健康教育	63	25.1
欠席で生じた学習の遅れへの対応	63	25.1
病気の子どものための特別支援教育支援員の配置	43	17.1
学校保健委員会や保護者会での疾患に関する啓発	39	15.5
医療的ケアへの対応	34	13.5
ソーシャルワーカー（福祉職）との連携	23	9.2
災害時の対応マニュアル策定	20	8.0

　「校内委員会開催」、「支援計画策定」、「保護者との相談体制構築」、「中学校との引き継ぎ」、「幼稚園・保育園との引き継ぎ」は約5割の学校において構築されていた。これらは、特別支援教育全般にかかわる「基礎的な支援基盤」と考え得るものであり、構築率が比較的高かったという点については、通常の学級における支援システム構築が定着しつつあることの成果と推察される（田中・奥住2019）。支援・指導の計画策定や校内委員会での検討は、元来の目的が発達障害児への支援を想定したものであったとしても、校内の教員が複眼的に指導・支援を検討するものであり、病気の児童にとっても有効な支援につながるであろう。

　一方、「災害時の対応マニュアル策定」「ソーシャルワーカー等の福祉職との連携」は9割以上、「医療的ケアへの対応」「休養できる部屋の確保」「疾患に関する理解・啓発活動は、約8割の学校において構築されていなかった。これらは、病弱教育独自の「発展的な支援基盤」と捉え得るが、その取り組みの多くは未整備の状況にあることが明らかになった。

　「災害時の対応」については、独立行政法人国立特別支援教育総合研究所（2017）により、疾患の有する児童への教育的支援を考える上で、極めて重要な視点であり、早急に整備すべき課題として提言されている。日常管理が必要である1型糖尿病や抵抗力の維持が必要である免疫疾患の児童をはじめ、様々な疾患において、非常時の服薬や医療行為、発作時の対応等は直接生命にかかわる問題である（竹鼻・朝倉・高橋2008）。医療機関・家庭・学校が共通する課題として、具体的な対応を考えておく必要がある。

　「医療的ケアへの対応」については、通常の学級に在籍する人工呼吸器や喀痰吸引等の医療的ケアが必要な子どもへの支援体制構築はいまだに進んでいないということが示唆された。特別支援学校においては、学校看護師の配置や医療機関等による講習会を受けた医療的ケア認定教員は徐々に増えつつあるが、小学校への配置は進んでいるとは言い難い（清水2018）。教育委員会や拠点校等に医療的ケアのコーディネート的な役割を担う看護師や保健師が配置されることで、疾患のある児童の体調管理、服薬管理、教職員への指導・助言等を行うことが可能になると推察される。

　なお、急速に発達するICT・ネットワーク環境の小学校における活用状況に

ついては、本調査では取り上げていない。平成30年9月「小・中学校等における病気療養児に対する同時双方向型授業配信を行った場合の指導要録上の出欠の取り扱いについて（通知）」では、小・中学校については、リアルタイムに授業を配信し、同時かつ双方向にやり取りを行った場合、指導要領上出席扱いにできるとされている。これは訪問教育に加えて、病気がありがながらも自宅等において学ぶことができる教育形態の一つであるが、この制度の活用状況については、今後の調査が待たれる。

　次に、小学校における病弱教育に関する校内研修の実施状況に関する調査の結果は、**表2・表3**のとおりであった（田中2020c）。

表2　病弱教育に関する校内研修実施の有無

	（校）	（％）
校内研修を実施している	148	59.0
校内研修を実施していない	103	41.0
	251	100.0

表3　病気による配慮・支援が必要な児童の在籍の有無と研修の形態（複数回答可） (校)

			情報伝達	事例検討	講演会	実技講習	OJT	研究授業	その他	計
病気による配慮・支援が必要な児童	在籍している学校（85校）	（学校数）	73	16	13	7	2	2	2	115
		（％）	85.9	18.8	15.3	8.2	2.4	2.4	2.4	
	在籍していない学校（63校）	（学校数）	48	15	8	4	4	0	13	92
		（％）	76.2	23.8	12.7	6.3	6.3	0	20.6	
	実施学校数の合計		121	31	21	11	6	2	15	207

　5割以上の小学校において、病弱教育に関する校内研修が実施されていた。しかし、その内容については、多くの小学校が、病気の児童に関する「情報伝達を研修として捉えている傾向が高く、「事例検討」「講演会」「実技講習」等が行われている学校は少なかった。特別な支援が必要な児童に対する支援システム構築のためには、情報の伝達と共有を基盤とした上で、様々な立場の教職員により複眼的に行うケース検討をOn job training（OJT）の一環として推進することが提言されている（田中2014; 奥住2018）。この点を鑑みると、小学

校の校内研修における研修内容のさらなる充実や深化は検討すべき課題である
ことが推察される。児童の病気発症と入院加療は突発的である場合が多く、現
状での病気の児童の在籍有無にかかわらず、病弱教育を推進する目的の研修を
年間を通じた計画の中に位置付けていく必要があるだろう。

　本節では、本稿筆者による小学校の通常の学級の校内支援システム構築の現
状に関する調査の結果を見てきた。これらの結果から、今後は、病弱教育の専
門性に特化した校内支援システムや事例検討・OJTを中心とした計画的な教員
研修体系の構築が必要とされていることが示唆された。それらを推進するため
には、病弱教育の専門性を有するリーダー的な職種や教員等が、これまでの経
験や実績に基づいて、「基礎的な支援基盤」と「発展的な支援基盤」を融合し
た総合的な視点をもち、校内支援システムへの指導助言、病気の児童への巡回
指導、研修講師等の役割を担い、適切な助言や実践を行うことが重要であると
考えられる。具体的には、地域・学校の子どもたちの健康を推進する役割を担
う学校医や保健師（藤本2018）、病弱特別支援学校の特別支援教育コーディ
ネーター、病気の児童を担任経験のある教員等が病弱教育の推進役として想定
され、一層の活躍が期待される（奥住2018）。

Ⅳ．思春期・若年成人世代のがん患者等への教育的対応

　15歳から30歳前後の思春期・若年成人（Adolescent and Young Adult, AYA）
世代に発生するがんは、患者や専門とする医師の数が限定的であったことか
ら、他の世代と比較して、最適かつ効果の高い治療法が十分に確立していな
かった。そのため、医学の分野においては、近年、研究が急速に進んでいる領
域の一つである（堀部2019）。

　AYA世代は、様々なライフイベントが集中する時期であり、身体的な影響だ
けでなく、進学、就職、家族との関係、結婚や出産、経済的な負担などの社会
的な困難・ニーズも大きくさまざまな課題を抱えている。AYA世代前半の高校
生段階は、「学科・コース等に合わせた学習指導・進路指導の多様さ」、「病気
による自己の将来像を確立することへの不安や孤独感」、「クラスや部活動等の
友人とのつながりの維持」のそれぞれに教育的ニーズ・困難があることを小児

がんやAYA世代がん患者の生徒を担任した経験のある多くの教員が挙げている（武田ら2017）。加えて、生存率の向上により、いわゆるサバイバーとして生きる治癒・寛解後の生活を視野に入れた教育の充実も必要性を増してきている。

　しかしながら、高校段階の病気の子どもの教育について見てみると、全国の病弱特別支援学校の約半数で高等部の設置はなされておらず、高等学校の病弱・身体虚弱特別支援学級の設置はない（全国特別支援学校病弱教育校長会2020）。武田ら（2016）は、小児がん拠点病院15カ所の院内学級を対象に調査を行ったが、拠点病院であってもそのほとんどに高等部設置はないという結果であった。治療のために休学・退学になるケースは少なくないとされ、入院治療・自宅療養を行う高校生の学習継続は大きな課題を抱えている（川村ら2019）。

　独立行政法人国立特別支援教育総合研究所（2017）では、病気の高校生の教育保障に向けて、医療機関側の取り組みとして「学習できる空間の確保」「治療計画の配慮」を挙げ、教育機関側の取り組みとしては「遠隔教育の充実」の有効性を示唆している。平成27年の学校教育法施行規則の改正等により、高等学校及び特別支援学校高等部において遠隔教育が制度化され、令和元年11月には、同時双方向型の授業配信を行う場合に受信側の教師の配置要件の緩和が示された。高校段階の病気の子どもの教育保障は、ICT・ネットワーク環境の急速な発達に支えられ、現在、各地の病弱特別支援学校等において先進的な実践の蓄積が行われ始めている（全国特別支援学校病弱教育校長会2015）。

　また、社会的自立のために必要な力を養うキャリア教育の充実も課題として考えられる。病気の児童・生徒は、「人間としての成長・発達」というすべての人が有する発達課題と「病気からの回復・病気経験とともに生きる」という病気経験者独自の発達課題の2つを有すると考えられている（日本育療学会2019）。そこで、病弱教育におけるキャリア教育として、「病気とともに生きる力」「社会の中で他者と生きる力」「自分らしく生きる力の3つの柱の育成が重要視されている（谷口2017）。特に、AYA世代は、進学や就労などに伴う社会的自立とも直結し、病気とともに生きる自己像を確立する時期である。従来の進路指導に加え、教科学習や自立活動の時間等を含めたすべての教育活動を通

したキャリア発達を促進する指導が必要とされている。

AYA世代は、小児と成人の狭間に位置する年代であるからこそ、教育的側面においては、高校と大学・専門学校・就職先との連携が必要となる。ほかにも、小児と成人領域の医療、保健、福祉機関等を含むさまざまな専門職種が密に連携し、包括的な支援システムを構築することが、患者にとっての社会的な環境の円滑な移行につながると考えられる。

Ⅴ．病気による長期欠席や心身症・精神疾患等の児童への対応

多くの病気の児童が治療や体調の変化に留意しながら、地域の小学校で生活を送る中で、病気を理由とする長期欠席の状況にある児童の存在が注目されている（丹羽2017）。全国の国公立小学校において、本人の心身の故障等（けがを含む）により、入院、通院、自宅療養等のため、年間30日以上連続または断続して欠席している児童は、39,000人以上おり、全児童数の0.5%近くに上っている（文部科学省2019）。病気を理由とする長期欠席傾向の児童は決して少なくない現状があり、高橋（2004）は、病気による長期欠席児童の支援にあたっては、長期欠席者の困難・ニーズの共通性と病気による困難・ニーズという独自性の両側面から検討を行うことが不可欠の課題としている。長期欠席児童の一般的な対応である登校刺激等に加え、通院や体調管理、心理的な不安定さ、復学時の不適応、易感染状態のための感染症罹患防止、医療機器の不調等の様々な病気に関連する欠席の要因に対応した病弱教育の専門性に特化した支援を考慮していく必要がある。

また、田中（2019）では、小学校の通常の学級における病気による長期欠席児童に関する調査を行ったが、その結果、病気による長期欠席の状況にある児童は、心身症や精神疾患を有しているケースが多いことを指摘している。特に小学校高学年で、起立性調節障害を有している児童が多かった。一般的に、起立性調節障害は、登校時に症状が発現しやすく、また、学校行事等に関連する特別な時間設定があるときにも体調不良になることが多い（柴田2018）。起床できなかったり、登校時に激しい倦怠感が生じたりして、遅刻や欠席が続き、そこから、学校生活への不適応が生じていることが考えられる。さらには、学

校生活や家庭生活への影響から、社会性の発達、進学や就職等にも影響が及ぶことが懸念される。以前は、高学年での発症が多かったが、近年では、低学年からも発症し、中学校進学後まで継続して症状を有するケースも少なくないとされている。通常の学級における起立性調節障害のある児童への支援は今後注目していく必要があろう（青山2018）。

　また、田中（2019）の調査の中では、小学校における長期欠席傾向にある心身症・精神疾患の児童に対して「無理をさせない」という方針で支援を行う学校が多かった。この方針は、積極的な支援を行わないという事態に陥りかねないことが予想され、それを防ぐためには、教育的ニーズ・困難に合わせた個別の教育支援計画や個別指導計画により、学校や家庭との共通理解を図ることが課題として考えられる。近年では、小学校のみならず、病弱特別支援学校においても、心身症・精神疾患の児童・生徒の在籍の急増とそれらの児童・生徒を対象とした教育課程編成と指導・支援の充実が急務とされており（上野2018）、病弱教育全体の喫緊の課題としても捉えられている。

　病弱教育は、長い歴史の中で、厳しい治療や慢性的な症状のある中で生活を送る児童に寄り添う教育を行ってきた。病気の児童の心理的な安定に関する専門性は、かねてより持ち得ている可能性があり、その側面を病気による長期欠席や心身症・精神疾患等の児童への支援に活かしていくことがより一層求められている。また、これまで取り上げられることが少なかった児童の心身症や精神疾患を主な治療対象とする神経科・精神科病棟に併設された院内学級における専門性についても注目すべき点であろう（山崎2016）。明確な調査はまだないが、全国特別支援学校病弱教育校長会（2012）による資料を参考にすると、心身症や精神疾患を主な治療対象とする専門病院に併設された院内学級が全国に約20か所程度存在することが確認できる。これらの学級においては、精神疾患・心身症の児童・生徒の指導・支援に特化にした教育課程が編成され、日々実践されている。木村（2007）は、児童精神科病棟に併設された院内学級での教育実践の一例として、保護と支持、心理的成長の機会の提供、ゆるやかな学級の存在による学校観の再構築を基盤とする環境づくりの重要性に言及している。そこで、精神科・神経科の専門病棟に併設された院内学級における指導・支援の専門性が、心身症・精神疾患の児童の学びの構築、長期欠席の予防

につながることが推察される。

Ⅵ．現代的な特別な教育的ニーズに関連する病弱教育の課題

　すべての子どもたちを取り巻く環境とニーズ・困難は多様化・複雑化する現代社会においては、多様な特別な教育的ニーズと病気の子どもの有するニーズ・困難を併せて有するケースが想定される。例えば、他障害を併せ有する子ども、貧困の状況下にある子ども、外国にルーツのある子ども、性的マイノリティの子どものそれぞれが病気になったときが考えられる。これらのケースについては、病弱教育の専門性に加え、他障害の支援、経済面・言語面・心理面・生活面等、広範囲の教育的ニーズに関する専門性を併せて視野に入れ、具体的な支援・指導につなげていく必要があるだろう。

　また、医療技術の進歩から小児の疾患の治癒・寛解率は向上してきているとは言え、終末期医療（ターミナルケア）を必要とする児童は一定数存在している。ターミナルケアについては、本人、保護者、周りの子どもたちを含めた広い範囲での支援を視野に入れる必要がある。終末期を在宅で迎えることを望むケースも増えてきており、病弱教育の一環としての訪問教育を医療や福祉と連携により充実していくことは必要不可欠とされている（猪狩2012）。また、近年の病気の児童生徒の学びの場の広がりを踏まえると、今後は、小・中学校の通常の学級においても、ターミナルケアの在り方を検討していく段階にあるだろう。

　ほかには、子どもの病気という非日常的かつ流動的な状況に着目すると、病弱教育に携わる教職員は緊張感や心理的な負担感が非常に高い状態に常にある可能性が示唆され、「ケアする者のケア」という視点の提起がなされている（副島2018）。病気の子どものニーズ・困難は多岐に渡り、その対応や多職種との連携の必要性から、担任教師が困難感をもつことも多く（平賀2006）、今後は、地域の拠点となる病弱特別支援学校がセンター的機能を活用し、病気の子どもが在籍する小学校等への助言、スクールカウンセラー等による保護者や担任教師への心理的な支援、研修制度の充実等を通し、専門性を支える取り組みを行うことが重要な視点となり得るであろう。

Ⅶ．まとめ

　本稿では、近年注目されている病弱教育の課題をもとに、その専門性を問い、さらなる発展の方向性を論じてきた。病弱特別支援学校・病弱身体虚弱特別支援学級における自立活動と教科学習との連携、心身症・精神疾患の児童に対する指導法の確立などは、「医療と教育との連携をはじめとした多職種協働を前提に、自立活動の学習を基盤としながら、病気がありながらも将来を見据えて学力や生活の力をつける」という、従来から蓄積してきた専門性をさらに拡充・発展していく必要が示唆された。加えて、通常の学級における病気の子どもの支援体制、研修体制の構築、ICT・ネットワーク環境の整備による遠隔授業の実施、病気の高校生への教育の拡充などは、今後新たに蓄積していく必要がある専門性として示唆された。

　特別ニーズ教育は、子どもの有する特別な教育的ニーズに対応した特別な教育的ケア・サービスの保障を承認し、子どもの諸能力と人格発達を促進していくことが重視されている（髙橋2020）。とりわけ、病弱教育におけるニーズ・困難は、児童それぞれにより個別性が高く、なおかつ現代においては、一層多様化・複雑化の状況にある。しかし、病気の子どもたちは、常に、学び、成長し続けている。病気による困難を抱える子どもの特別な教育的ニーズと発達支援は、子どもにとって安心・安全であるという基盤の上に、連続性のある学びを保障し、かかわり続けることの重要性が指摘されている（副島2016）。このような視点を大切にし、発達段階や健康課題に合わせた一貫性のある支援を、病気の子どもの生涯発達の歩みとともに進めていきたいものである。

文献

青地由梨奈・宮井信（2016）通常学級に在籍する慢性疾患児における学校適応感とライフスキルとの関連．日本衛生学会誌, 71, 216-226.

青山重雄（2018）起立性調節障害．小児科診療, 81(2), 211-213.

独立行政法人国立特別支援教育総合研究所（2017）病気の子どもの教育支援ガイド. ジアース教育新社.

平賀健太郎（2006）通常の学級において病弱児への教育的支援を困難と感じる理由.

障害児教育研究紀要, 29, 71-78.

堀部敬三（2019）なぜ AYA 世代のがんが注目されるのか. 保健の科学, 61(8), 508-513.

藤本保（2018）学校医に求められること. 日本医師会雑誌, 147(4), 807-810.

猪狩恵美子（2012）重症児や病気の子どもと訪問教育. 障害者問題研究, 40(2), 99-106.

猪狩恵美子（2015）通常学級における病気療養児の教育保障に関する研究動向. 特殊教育学研究, 53(2), 107-115.

稲川英嗣・伊藤甲之介（2017）院内学級の学籍問題. 鎌倉女子大紀要, 24, 99-108.

川崎友絵・郷間英世・玉村公二彦（2012）病弱教育における教育と医療の連携に関する研究. 奈良教育大学教育実践開発研究センター研究紀要, 21, 209-214.

川村眞智子・後藤晶子・前田美穂・足立壮一（2019）高校生がん患者の教育支援状況に関する調査. 日本小児科学会雑誌, 123(3), 605-610.

木村浩司（2007）院内学級における環境作りについて精神科病棟の場合. 育療, (39), 10-12.

北島善夫・細川かおり・真鍋健・石田祥代・宮寺千恵（2018）特別支援学校における教育課程ならびに指導法の現代的課題. 千葉大学教育学部研究紀要, 66(2), 121-126.

文部科学省（2019）児童生徒の問題行動等生徒指導上の諸問題に関する調査（報告）

文部科学省中央教育審議会（2015）初等中等教育分科会（第 100 回）配付資料.

新平鎮博・森山貴史・深草瑞世（2017）小児がんのある高校生等の教育に関する調査報告. 国立特別支援教育総合研究所ジャーナル, 6, 6-11.

日本育療学会（2019）標準「病弱児の教育」テキスト. ジアース教育新社.

丹羽登（2017）小児医療の進歩に伴う病弱教育の変化と課題. 教育学論究, 9(2), 191-192.

奥住秀之（2018）特別支援教育における医療との連携. 教育と医学, 784, 80-87.

柴田題寛（2018）心理的な回復過程にもとづいた段階的支援. 学校メンタルヘルス. 21(1), 108-116.

清水史恵（2018）地域の小学校で学ぶ医療的ケアを要する子どもが認識する学校看護師の役割. 小児看護 41(2), 250-255.

副島賢和（2016）病気や障害による困難を抱える子どもを支えるかかわりに大切なこと. SNE ジャーナル 22(1), 51-67.

副島賢和（2018）病気の子どもへの教育における大きな課題. 教育と医学, 66(8), 700-706.

高橋智（2004）「特別ニーズ教育」という問い 通常の教育と障害児教育における「対話と協働」の可能性. 教育学研究, 71(1), 95-103.

髙橋智（2020）日本における障害・特別ニーズを有する子どもの特別教育史. 髙橋智・加瀬進監修「現代の特別ニーズ教育」文理閣. 69-80.

武田鉄郎・張雪・武田陽子・岡田弘美・櫻井育穂・丸光惠（2016）小児がんの児童生徒の教育的対応と教員の困難感に関する研究. 和歌山大学教育学部紀要, 66, 27-34.

武田鉄郎・古井克憲・武田陽子・櫻井育穂・丸光惠（2017）小児がん, AYA 世代がん患者に対する教育的対応と教員の困難感に関する検討. 和歌山大学教育学部紀要, 67, 35-41.

竹鼻ゆかり・朝倉隆司・高橋浩之（2008）1 型糖尿病を持つ子どもの学校生活における現状と課題. 東京学芸大学紀要芸術・スポーツ科学系, 60, 233-243.

田中雅子（2020a）現職教職員研修と多職種協働. 髙橋智・加瀬進監修「現代の特別ニーズ教育」文理閣. 248-257.

田中亮（2014）小学校における特別支援教育・サードステージへ─校内支援体制及び教育課程の工夫・改善を軸に─. 特別支援教育研究, 684, 44-49.

田中亮（2019）小学校における病気を原因とする不登校児童. 日本特殊教育学会第 57 回研究大会発表論文集.

田中亮（2020b）小学校における慢性疾患を有する子どものための校内支援体制. 小児看護, 43（3）, 373-379.

田中亮（2020c）小学校における病弱教育の指導法・教育課程編成に関する校内研修. 病気の子どもと医療・教育, 26, 26-33.

田中亮・奥住秀之（2019）小学校の通常の学級における特別支援教育の推進. 東京学芸大学総合教育科学系紀要, 70（1）, 383-392.

田中亮・奥住秀之（印刷中）東京都外に設置されている区立病弱特別支援学校・健康学園における教育課程の編成と指導法の特色と課題. 東京学芸大学総合教育科学系紀要, 71.

田中亮・奥住秀之・池田吉史（2019）入院児童の教育を支える多職種連携・協働の成果と課題. 上越教育大学特別支援教育実践研究センター紀要, 25, 37-42.

谷口明子（2017）移行支援としてのキャリア教育. 育療, 61, 2-10.

泊祐子（2018）健康問題の多様化に伴う養護教諭の役割拡大. 教育と医学, 63（10）, 68-78.

上野良樹（2018）病弱特別支援学校における病類変化と支援の現状についての全国調査. 小児の精神と神経, 58（1）, 47-54.

山崎透（2016）児童精神科入院治療と院内学級. 精神科治療学, 31（4）, 487-493.

横田雅史（2004）病弱教育 Q & A 院内学級編. ジアース教育新社.

全国特別支援学校病弱教育校長会（2012）特別支援学校の学習指導要領を踏まえた病気の子どものガイドブック. ジアース教育新社.

全国特別支援学校病弱教育校長会（2015）病弱教育における各教科等の指導. ジアース教育新社.

全国特別支援学校病弱教育校長会（2020）特別支援学校学習指導要領等を踏まえた病気の子どものための教育必携. ジアース教育新社.

原　著

昭和初期における東京市教育局の教育改善事業と
多様な困難を抱えた子どもの特別学級編制

石井　智也

（日本福祉大学スポーツ科学部）

髙橋　智

（日本大学文理学部）

　　本稿では、昭和初期の東京市教育局による教育改善事業と多様な困難をもつ子どもの特別学級編制の組織化の実態について検討した。関東大震災以後、東京市は教育復興事業の推進が実施され、その一環として学校衛生の拡充、教員講習所の調査研究機能の向上、特別学級の復旧・復興事業が実施された。また、各種の調査を通して子どもの疾病・健康問題等が明らかにされ、学校衛生設備整備、学校看護婦配置促進、学校給食実施がなされるとともに、身体虚弱児対象の「養護学級」、肢体不自由児対象の「光明学校」、弱視児対象の「弱視学級」等の子どもの疾病・障害に応じた特別学級・学校の開設が行われた。東京市教育局や補助学級研究科によって実施された知能検査法の開発、特別学級編制の組織化などを通して、「貧困・児童労働・疾病・非行」などを背景にもつ子どもの多様な困難に応じた教育的対応が実施されていったが、その中心を担った東京市視学の本田親二と藤岡真一郎の役割はとても大きいものであった。

キーワード

東京市教育局　Tokyo City Department of Education

視学・本田親二　School Inspector Shinji Honda

特別学級　Special Class

Ⅰ．はじめに

　1994年の「特別なニーズ教育に関する世界会議」にて採択された「サラマンカ声明」を大きな契機として、また国内的には2007年度からの特別支援教育の制度化により、通常学級に在学する多様な教育的ニーズを有する子どもへの「特別な教育的対応・配慮」に関する実践の蓄積と社会的関心の広がりが徐々になされてきている。

　石井（2019）はこうした「特別な教育的対応・配慮」が歴史的にどのような経緯のもとに誕生し、営まれてきたのかを明らかにするために、明治期以降の急激な近代化・産業化・資本主義化によって子どもの「貧困・児童労働・不就学」等の問題が深刻化する東京市に注目し、初等教育が成立・普及する過程において、不十分ながらも子どもの多様な教育困難に応じてなされた「特別な教育的対応・配慮」に着目した[1]。そして、明治期の「貧困・児童労働・不就学」に応じた多様な初等教育機関（私立小学校、小学簡易科、夜学校、特殊小学校等）における「特別な教育的対応・配慮」が、明治後期から大正期において公立尋常小学校の教育改善事業や特別学級編制等に引き継がれていったことを明らかにしている。

　明治・大正期において実施された「特別な教育的対応・配慮」は、1923（大正12）年の関東大震災後の教育復興事業と特別学級編制の組織化とともに促進されるが[2]、その後の展開については十分に明らかとなっていない。東京都立教育研究所（1996・1997）によれば、昭和初頭に東京市は、「貧困」「欠食」「栄養失調」等の「要保護児童」の急増に応じて子どもへの教科書・学用品・生活品の給与を行う「学齢児童就学奨励費補助規程」の制定、「欠食児童」や栄養上困難をもつ子どもへの給食の開始、職業指導・職業斡旋がなされ[3]、また「弱視・難聴・言語矯正学級」「公立肢体不自由児学校」等の障害に応じた特別学級・学校の開設について言及されているが[4]、その具体についてはなお不明である。

　それゆえに本稿では、昭和初期の東京市教育局による教育改善事業と多様な困難をもつ子どもの特別学級編制の組織化ついての検討を通して、明治・大正

期に形成されてきた多様な困難をもつ子どもへの「特別な教育的対応・配慮」が、関東大震災後の教育復興事業を経て、昭和期においてどのように展開するのかを明らかにする。

とくに、関東大震災後に実施された教育復興事業・教育改善事業、学校衛生の拡充のなかに、多様な困難をもつ子どもの「特別学級（補助学級）」、身体虚弱児対象の「養護学級」、弱視児対象の「弱視学級」、肢体不自由児対象の「光明学校」開設がどのように位置づけられてきたかを明らかにしたうえで、多様な困難をもつ子どもの「特別学級（補助学級）」編制の背景や特別学級編制促進の実際を解明していく。

Ⅱ．東京市による教育改善事業の促進と特別学級編制の組織化

1．関東大震災後の東京市による教育復興事業・教育改善事業

1923（大正12）年9月に発災した関東大震災の直後に組閣された第2次山本内閣では、要職を歴任した後藤新平が内務大臣兼帝都復興院総裁として震災復興計画を立案し、東京市長には後藤の推薦により中村是公が就任し、後藤と軌を一にして震災復興事業を推進する。

東京市学務課においても学務課長・佐々木吉三郎により東京市小学校の教育復興計画が直ちに検討され、1923（大正12）年12月に小学校長会を開催して「本市小学校教育復興ニ関シ特ニ注意スベキ事項」について検討し、教育復興事業や学校復興建築の方針が立てられる。その後、土木局と学務局・教育局間の対立がありながらも教育復興事業は遂行され、震災で焼失した117校、2,552学級の復興を基本に、さらに二部教授撤廃をめざして学級数が上積みされて、最終的に2,835学級の建設が決定された[5]。

1925（大正14）年に学務課は庶務課・学務課・視学課から構成される学務局へ改組され、同年11月に学校衛生課が追加され、さらに1926（大正15）年に学務局は東京市教育局へと改組された。東京市教育局長には豊島師範学校教諭、福井師範学校教諭、東京高等師範学校教諭、東京高等師範学校附属高等女学校主事を歴任し、当時視学課課長であった藤井利誉が抜擢された。藤井利誉は高等師範学校教諭・高等女学校主事として女子教育に携わり、『教育学：女

写真1　藤井利誉（1872-1945）
（帝都教育家列伝発行所（1936）『帝都教育家列伝』、p.1より転載）

子師範教科（1910年）』、『女子実用教育学（1911年）』などを著すとともに、イギリス・アメリカ・ドイツへの学校視察を行うなど、学校教育全般に関わる深い見識を有していた[6]。

　教育局長・藤井利誉は教育復興事業を実施するうえで、学校復興建築の推進だけでなく「教育方針の樹立、訓練綱目の設定、校長協議会、市区訓導協議会の研究、視学及各区校長各教科研究部長の共同視察、首席訓導講習会其の他各種の講習会講演等」を通した「教育内容の改善充実」にも力を入れ、東京市教育局とくに視学課が主体となって「小学校教員奨学講習会」「講演会」「学事会」などの開催を促した[7]。1920年代後半には「保姆講習会」「補助学級担任教員講習会」「職業指導並に個性調査講習会」なども開催された[8]。また、「学事会」では「学校衛生技師会」「直営小学校長会」「市立学校長会」「東京市訓導協議会」などがそれぞれ組織され、定期的に教育方針や教育方法に関する議論が実施された。

　1921（大正10）年より東京市独自の教員養成機関として教員講習所が開設されていたが、震災直後の1924（大正13）年には抜本的な組織改組が行われ、「中学校及び高等女学校の卒業者で」「本市小学校訓導となるに必要な講習を為す」養成科、「市立小学校教員に対し必要なる学力補充の講習をなす」講習科、「本市小学校教員をして特殊の学科内容、学校経営、其の他必要なる事項の研究を為さしむる」研究科が組織された[9]。教員講習所は「研究調査並に指導機関としての施設を充実すること」「養成科の年限を延長すること」「附属小学校を設置すること」「市立師範学校」への発展が目ざされ、講習所内に「研究科」が設置されることで「当所講師と市視学指導のもとに」「適性指導の問題、特別学級の問題、市民教育の問題、各科教授の内容に関する問題等の如き研究調査」の実施がなされていく。

　研究科は「国語、英語、修身、博物、手工、唱歌、物化、低学年、補助学

級」等の教科・領域ごとに組織され、研究科に入所した訓導は週1回以上講習
所に集まり、指導講師の下で研究発表等を実施している。そのうちの「補助学
級研究科」は、1924（大正13）年、東京市視学で教員講習所講師であった本
田親二の肝煎りで、特別学級（補助学級）の多様な困難をもつ子どもへの教育
的対応・配慮に関する実践研究を検討するために組織されたものである。

　教員講習所の研究科の設置に伴って、視学課は市内の小学校教師に委員を依
託して初等教育に関わる様々な調査を実施した。1924（大正13）年に「成績
優良児調査」「成績劣等児調査」「尋常夜学校教科編纂」、1925（大正14）年に「特
殊児童調査」「小学校児童の疲労調査」、1926（大正15）年に「細民教育調査」「高
能児調査」「小学校教材調査」「水上生活児童調査」、1928（昭和3）年に「教
育測定調査」、1929（昭和4）年に「読物調査」「職業指導調査」などが実施さ
れており[10]、多様な困難をもつ子どを含めた実態調査を行っていたことがうか
がえる。

　1930年代以降は教員講習所・研究科が実施していた調査研究事業は、視学
課が主催する「研究会」「調査会」に引き継がれ、例えば1932（昭和7）年度
には「教育測定法調査」「職業指導調査」「個性調査法調査」「補助学級に関す
る調査」等が行われている[11]。

表1　東京市教育局視学課が実施した調査事業

1924（大正13）年	成績優良児調査、成績劣等児調査、尋常夜学校教科編纂、校外教授資料調査、盲唖教育調査
1925（大正14）年	特殊児童調査、小学校地理科教材調査、公民科教授要目、小学校児童の疲労調査
1926（大正15）年	小学校級数別校数調査、細民教育調査、高能児調査、小学校教材調査、水上生活児童調査
1927（昭和2）年	小学校児童学習用読物調査
1928（昭和3）年	小学校々園植物調査、教育測定調査、職業指導調査
1929（昭和4）年	教育測定調査、職業指導調査、礼法調査、読物調査
1932（昭和7）年	読方教育測定調査、公民教育調査、映画教育調査、職業指導調査、個性教育調査、校外教育調査、補助学級調査
1936（昭和11）年	職業指導調査、個性教育調査、市民教育調査、補助学級調査、国体文化調査、算術教育調査

（出典：東京市役所（1930）『東京市教育復興誌』、pp.415-420、東京市役所（1932）『東京市教育概要
（昭和七年度）』、pp.96-99、東京市役所（1939）『東京市昭和十一年事務報告書』、pp.191-192より作成）

　東京市教育局は学校衛生の促進にも力点を置き、1925（大正14）年に学校衛生課（のちに学務課学校衛生掛）を開設するとともに「組織的体育運動の振興外、林間学校、特別学級等身心虚弱者に対する特殊施設の外、学校診療所、学校看護婦の設置は最も急務」であるとし、「教授に依る心的過労予防の方法を論ずると共に、栄養不良児に対する学校給食の事業を起す」ことが方針として示された[12]。

　1926（大正15）年には学校衛生技師や調査嘱託職員などが中心となり、「学校衛生婦ニ関スル調査」「本市立学校歯科医嘱託ニ関スル調査」「児童健康状態調査」「本市立小学校児童病類別調査」「本市立小学校児童脚気調査」等が実施された[13]。その後も、1927（昭和2）年に「市立小学校児童疲労調査」「市立小学校児童身体虚弱者竝之カ救済方法ニ関スル調査」「市立小学校給食児童発育調査」「市立小学校児童口腔衛生ニ関スル調査」[14]、1929（昭和4）年に「学校衛生婦設置状況竝児童取扱状況ニ関スル調査」「学校給食ニ関スル調査」が実施され[15]、小学校に在籍する児童の抱える疾病・健康問題の状況が明らかにされていく。

　例えば、「児童健康状態調査」では「市内児童ノ体格向上策ニ資スルノ目的」で「東京市内ト郡部トノ児童ノ体格及ビ健康状態ヲ調査シ、コノ両者ヲ比較」し、「市部ニ於イテ身長ノ増加ハ極メテ著明デアルケレドモ体重ノ増加ハ之ニ伴ハナイ」「体格劣等トナルノ傾向ノ著明」であること、「栄養ハ甲ナルモノハ郡部ニ多ク、丙ハ市郡（ママ）ニ多イ」「齲歯ハ全国平均ノ四〇％ナルニ比シ頗ル多クシテ」「市部ハ実ニ八〇％ヲ示シテヲル」ことを明らかにし、東京市内の小学校に在籍する児童の多くが発育不良、栄養失調、齲歯等の疾病・健康問題を抱えていることが示された[16]。

　また、東京帝国大学医学部島薗内科教室と協力して実施された「本市立小学校児童脚気調査」では、東京市小学校在籍児童の「脚気」に見られる栄養失調・発育不良・疾病等の実態を生活状態との関連から明らかにし、貧困児童が多く在籍する本所区太平小学校と富裕層の多い本郷区誠之小学校に在籍する児童の健康状態を比較検討した[17]。「太平小学校児童ハ全学級ヲ通ジテ概シテ栄養不良、身体不潔ニシテ操行粗暴ナリ」「誠之小学校児童ニ比シテ身長一般ニ低ク、体重モ軽キモノ多シ」「顔面・皮膚等蒼白ニシテ一見貧血ヲ思ハシムル

者多ク、皮膚病・眼疾等ヲ有スルモノモ比較的屡々是ヲ見ル」と言及され、とくに貧困など生活状態が劣悪である子どもの疾病・健康問題が深刻であることが示された。

「市立小学校児童身体虚弱者竝之カ救済方法ニ関スル調査」では「市内小学校ト協力シテ、全市小学児童中ノ身体虚弱者、並ニ之ガ救済方法ニ就キ調査」を行い、「発育概評栄養共丙」「腺病質」「慢性気管枝（ママ）加答児」「肺其ノ他ノ結核」「頸腺腫脹」「肋膜炎」「腹膜炎」「貧血」などの疾病・健康問題を有する子どもの実数を明らかにし、東京市による「常設林間学校設立」の必要性が強調された[18]。

東京市学務課調査掛であった川本宇之介は、東京市政調査会のメンバーとして1926（大正15）年に『都市教育の研究』をまとめ、「米国に於ける都市教育の実情」とともに「ロンドン、ベルリン及びミュンヘンの教育事情」を踏まえて「わが国の都市教育の欠陥を指摘し、その改造充実案」について提起しているが、従前の「劣等児・低能児」の特別学級だけでなく、子どもの疾病・障害に応じた特別学級の開設の必要性を強調した[19]。

すなわち、ボストン・ニューヨーク等では「性格不良児の訓練学校」「劣等児学級」等の特別学級とともに、「戸外学級」「新鮮空気学級」「言語矯正学級」「聴唖学級」「視力保存学級」等が整備されていることを紹介し、都市教育の充実のためには子どもの身体・健康状態の改善が不可欠であるとして、「児童の身体状況に適合する教育施設」の拡充を提起している。具体的には「学校衛生の革新充実を図り、この身体的欠陥に適応せる教育」「全身的疾病に対する治療教育」とともに、「視覚欠陥」「聴覚欠陥」「筋骨欠陥」を有する子どもへの教育的対応、「栄養不良児に対する給食並に特別教育」「言語障害に対する矯正教育」を開始する必要性を強調した。

2. 東京市による学校衛生の拡充と疾病・障害等の特別学級の開設

1930（昭和5）年に完成を迎えた鉄筋コンクリート造の「復興小学校」においては、学校衛生の体制整備の積極的拡充も企図された。具体的には、①「学校衛生技師」「学校医」「歯科校医」「専ラ児童養護、治療介補等ノ実際的事柄ニ携サハラシメテ居ル」「学校看護婦」の配置などの「学校衛生機関」、②「歯

科的治療ノ設備」、③「日光浴室」「太陽燈ノ設備」、④「水浴運動設備ニ於ケル『プール』、『シヤワーバス』」、⑤「『トラホーム』ノ治療設備」、⑥「養護学級」、⑦「栄養給食」、⑧「健康相談所」「林間学校」等の拡充に取り組んだ[20]。

　表2のように、区ごとのバラツキはあるが衛生技師は各区1名配置、学校医は全小学校に配置、衛生室は全小学校に設置されている。

表2　東京市各区の小学校における学校衛生機関・設備の状況

	小学校数	衛生技師	学校医	学校看護婦	衛生室	シャワーバス	林間臨海学校	養護学級	栄養給食
麹町	7	1	8	7	7	3	2	1	1
神田	14	1	15	7	14	12	5	0	0
日本橋	12	1	13	1	12	11	7	0	0
京橋	13	1	14	7	13	9	7	0	1
芝	20	1	21	13	20	6	3	0	0
麻布	10	1	11	0	10	1	3	0	0
赤坂	7	1	8	3	7	1	6	0	0
四谷	8	1	9	4	8	0	1	0	1
牛込	12	1	13	6	12	2	7	1	1
小石川	16	1	17	8	16	3	9	1	1
本郷	13	1	14	13	13	3	11	0	0
下谷	18	1	19	8	18	14	3	0	0
浅草	20	1	21	11	20	20	20	0	0
本所	19	1	20	6	19	0	3	0	1
深川	15	1	16	6	15	14	4	0	0
合計	204	15	219	100	204	99	90	3	6

（出典：杉田武義（1930）東京市ニ於ケル小学校ノ復興ト学校衛生上ノ設備ニ就イテ、『日本学校衛生』第18巻8号、pp.41-42。）

　東京市では学校看護婦（学校衛生婦）配置の促進が行われ、1921（大正10）年に「市直属トシテ四名ヲ採用スルト共ニ各区ニ之ヲ奨励シタ結果」、1923（大正12）年に「麹町区ニ一名設置セラレタノヲ始メトシテ漸次増加ヲ見」、1927（昭和2）年度に62名、1928（昭和3）年度に83名に達した[21]。学校看護婦（学校衛生婦）は「区長ノ監督ヲ受ケ学校医並ニ治療医ノ指揮ニ依リ其ノ職務ニ服

ス」べきであると定められている。

　「東京市区学校衛生婦執務予定表」よれば、学校看護婦（学校衛生婦）は
「児童及ビ幼児応急措置」「疾病（眼疾、耳疾、皮膚病等）ノ手当」「児童及ビ
幼児ノ健康状態ノ観察」「児童及ビ幼児身体竝ニ被服並ニ携帯品ノ清潔状態ノ
視察竝ニ指導」とともに、「要観察竝ニ要注意児童検診補助」「学校給食補助」「家
庭訪問」などの実施が求められており、子どもの養護や清潔の保持、疾病・健
康問題の治療・改善等に関わる様々な対応が期待されていた。

　1926（大正15）年に小石川区鶴巻小学校に身体虚弱等の子どもの疾病治療
や養護を実施する「養護学級」、1927（昭和2）年に麹町区麹町小学校「開放
学級」が開設され、1929（昭和4）年には「市立小学校児童養護学級調査」委
員に鶴巻小養護学級担任の小菅吉蔵が任され[22]、東京市教育局と密接に関係を
もちながら、市内の養護学級の児童実態と教育実践に関わる調査や実践研究が
継続して実施された。それらの成果をふまえて、東京市では養護学級が1933
（昭和8）年までに5校7学級開設され、1935（昭和10）年に20校24学級、
1937（昭和12）年に28校32学級まで増設される。

　このように東京市域全域での子どもの「健康問題・疾病」に関する実態調査
を通して、あらゆる地域において子どもの多様な「健康問題・疾病」等が顕在
化している実情が明らかにされ、東京市の教育改善事業の一環として学校衛生
設備整備、学校看護婦配置促進、学校給食実施などの学校衛生の拡充や身体虚
弱児を対象とする「養護学級」が開設されていく。

　さらに東京市は1930（昭和5）年に「不具児童調査」「吃音児童調査」、1932（昭
和7）年に「視力薄弱児童調査」を実施し、あわせて「小学校児童中吃音者ニ
対スル矯正」「小学校児童中不具児童ニ就キ巡回診査」を開始した[23]。

　この「不具児童調査」に際しては、1930（昭和5）年に教育局長・藤井利誉
が中心となり「不具児童養護学級特設の議」を提出し、加えて東京市議会議員
の田代義徳（東京帝国大学名誉教授・整形外科医）が「不具児童救済施設の必
要を力説」し「市の理事者側に向かつて其急務なることを勧告」されて実施さ
れたものである[24]。「不具児童調査」において「就学不就学を合して其数約一、
二〇〇名」の肢体不自由児の存在が示され[25]、また同調査の一環で実施された
「骨関節並筋肉ノ疾病異常ニ依ル体操免除児童調査」を通して小学校在籍児童

の約3.3%が「小児麻痺、脊椎カリエス、脱臼、関節炎、関節強直」等の障害を有していることが明らかにされた[26]。

　こうした実態調査を踏まえて、1931（昭和6）年から東京女子医学専門学校教授の金子魁一に「診査を依嘱して、巡回診査を行ひ、本人、保護者、学校長及担任訓導に対し、当該疾患の現症及予後を説明し、治療を勧告し、養護方針及日常取扱上の注意を指示」する「不具児童巡回診査」を実施して[27]、さらに1932（昭和7）年には日本最初の肢体不自由特別学校である「東京市立光明学校」の開設がなされた。

　また東京市は「弱視児童ハ普通小学校デハ十分ナ教育ヲ受ケルコトガ出来ナイノハ当然デ、本人ハ非常ニ苦痛ヲ感ジ」ているものの「盲学校ニ入学スレバ僅ニ残ツテヰル視力ガ却ツテ点字ニヨル教育ノ邪魔」となり、「残存シテヰル視力ヲ極力庇護シテ失明ヲ予防シツ、特殊教授法ニヨリ普通教育」を行う必要があるとして、1932（昭和7）年に「視力薄弱児童調査」を開始した[28]。「視力薄弱児童調査」を通して、小学校尋常科児童162,572名中273名（1.61%）が弱視児童であることが明らかにされた。

　「此他学齢児童デ盲学校ニ通学セル者、就学猶予又ハ免除セル者等合スレバ、旧東京市ダケデモ相当ナ数ニ上リ、更ニ新市域ヲ加フレバ恐ラク千名ニ達スル」として、こうした弱視児童に対して「特殊学校又ハ特別学級」を設けて「夫々天賦ノ智能ヲ啓発シ、将来有為ノ人物タラシムル」必要があるとされ、1933（昭和8）年12月、東京市によって麻布区南山小学校に弱視児童を対象とした「弱視学級」が開設された。

　1934（昭和9）年に東京市教育局において体育課が新設され、体育課長には医学博士であり、東京帝国大学医学部薬学教室の加用信憲が抜擢された[29]。体育課長の加用は、同年6月から7月にかけて小学校541校・在籍児童694,147名を対象に「普通児童と偕に教育することが無理だと認められる」「精神薄弱者、低能者、難聴、弱視、吃音、虚弱、不具」等の児童の実態を受持担任の申告から明らかにし[30]、東京市の小学校在籍児童が抱える多様な健康・発達上の困難が明らかにされた。

　加用は「今日の小学教育といふものは実に乱暴な教育の仕方でありまして唯生れた年だけを基準にして知能的にも肉体的にも所謂賢愚や強弱の差別は全然

視ないで素質の異つたもの生れた後の環境の違つたものを同じ一つの学級に集めて教育してゐる」のに加えて「一の学級は五、六十人から多い所は七十人以上もありますが、それを一人の若い先生が教えてゐる有様で」「弱い子供は強いものに牽制されて萎縮してしま」う状況にあることに言及し[31]、「肉体的に色々欠陥ある」子どもに対しては「養護学級」「吃音学級」「弱視学級」「難聴学級」を設置し、子どもの疾病・障害に応じた教育的対応の促進を強調した。

　1934（昭和9）年に東京市教育局に体育課が新設されて以降、「精神薄弱者、低能者、難聴、弱視、吃音、虚弱、不具」等の多様な「困難・疾病・障害」等を有する子どもの実態とその発達・生活上の困難がより詳細に明らかにされ、子どもの「疾病・障害」に応じた特別学級編制促進とともに、子どもの疾病・障害に伴う困難に応じた教育方法の開発が取り組まれた。

Ⅲ．東京市教育局による特別学級編制の促進

1．東京市視学・本田親二と特別学級編制

　1910年代後半、東京市教育課は課長・渋谷徳三郎や調査掛長・視学の川本宇之介を中心に、小学校の劣悪な教育環境調査および貧困児童を中心とした「都市児童調査」を実施し、1921（大正10）年に東京市直轄の特殊小学校である林町小学校と太平小学校において特別学級（促進学級・補助学級）を開設した[32]。翌1922（大正11）年には東京市視学に就任した本田親二が中心となり、東京市内の公立尋常小学校18校に特別学級を開設した。

　本田親二は1908（明治41）年に東京帝国大学理科大学星学科、1912（明治45）年東京帝国大学文科大学哲学科をそれぞれ卒業して早稲田大学講師に就任するなど、「天文学」と「心理学」を中心に研究しており、心理学に関しては「感覚の不連続性

写真2　本田親二（1885 ～ 1948）

（本田親二（1931）『天文学概論』教育研究会、p.42より転載）

に就て」「視覚に於ける光度の最小識別変化に関する実験」などの論稿を残している。

　東京市は「指導奨励の任に当るべき視学機関の充実」を図るために1922（大正11）年に「東京市視学」（専任視学5名、兼任視学5名、技師3名）を設置し[33]、本田親二は東京市視学に就任した。「貧困・虚弱・劣等低能・優等児」対応の担当視学も配置し、そのなかで「優良児」「劣等低能児」については本田が主任として担当することとなった[34]。

　さて、1922（大正11）年1月に高等師範学校教授楢崎浅太郎を招聘して「劣等児教育法講習会」を開催、翌2月には「精神検査法講習」を開催した。「精神検査法講習」では「劣等児教育、高能児教育、病弱児、白痴児、不良児等の教育高潮せらるゝ時に当り、「テスト」の研究指針」を教授するもので[35]、本田自らが講師として指導に当たっている。本田は知能検査の導入について「学科の成績の悪いのは種々な原因によるものであつて、第一に境遇の影響を考へなければならぬ」「精神検査を施して、その結果によつて大体に於て素質が悪るいか、素質は悪くなくても環境が著しく影響してゐるか、といふことを決定して、それによつて各個人々々に適当な取扱ひの方法を研究せなければならぬ」と述べ[36]、子どもの困難に応じた適切な教育的対応を実施するうえで知能検査の導入が不可欠であると言及している。

　東京市における知能検査の普及については心理学者・久保良英の役割が大きい。久保は1918（大正7）年に「ビネ法改訂案」（ビネ法（1911年法）を和訳して作成した尺度を東京の小学生120名にした結果をもとに考案）を発表し、その後も改訂を続けて1920（大正9）年に「改訂せる智能検査法」、1922（大正11）年に「増訂智能検査法」を発表した。久保はビネ法改訂案では「大勢の子供を急速に検査する必要のある場合には殆んど不可能になつてくる」として、多数の子どもに対して「簡便に、且つ迅速に智能を検査する方法」として「団体的智能検査法」の実用化・標準化を目ざし[37]、米国の軍隊式知能検査（Army Mental Test）を小学校児童用に改訂した国民知能検査法（National Intelligence Test）の翻案を行い、実用化に着手した。

　1922（大正11）年、久保良英は広島高等師範学校赴任のため児童研究所を閉じるが、同年に東京市視学の本田親二と栗林宇一、心理学者の渡邊徹（日本

大学法文学部教授・予科教授）が中心となって「国民知能検査・尺度A・形式1」の翻案を行い、1922（大正11）年3月15日から4日間にわたり東京市内の小学校児童に対して翻案した国民知能検査を実施した[38]。この調査には東京市視学とともに、当時新進気鋭の心理学者であった淡路圓治郎、青木誠四郎、今井恵、城戸幡太郎、内田勇三郎、岡部弥太郎らが参加し、「環境および素質」をある程度同等にするために「中等学校入学率四十八％以上」の進学校である公立尋常小学校10校、高等小学校2校に的をしぼった。

　結果として、調査で使用した「国民知能検査・尺度A・形式1」の実用性・妥当性とともに、「一般智能の学年規準」「一般智能の年齢規準」「一般智能の学年年齢対照平均規準」「一般智能の分段分配」「箇別智能の代表的規準」が明らかにされ、山の手地域を中心として「各児童の智能の学年上または年齢上の位置の大略を決定することを得べく、以てその児童に適切なる教授を施すことを得べし」、「下町商工地域の児童がこの規準に照していかにあるかを知ることも教育上多大の効果あるべき」とも言及され、知能尺度を用いて子どもの学習能力に応じた教育的対応・配慮がめざされた。

　本田親二は「東京市全市二十有餘萬の小学児童の中で、約四千人以上の劣等児及び低能児がゐる」としたうえで、こうした子どもの多くは「普通の学級に編入されて全く消化することの出来ない教育を受けてゐる」「これは実に教育の機会均等の意義に反する最も著しい遺憾な現象だと言はなければならぬ」「能力の低い者をも適当に救済して教育を発揮させるといふことで、これ等は特に最も急を要する事柄である」と言及し、「従前の貴賤貧富などいふ（ママ）外的のことばかりを問題とせず、被教育者たる児童の『個性に適応する教育を施す』」ことの必要性を力説して、前述のように1922（大正11）年、東京市内の小学校18校に特別学級編を行った[39]。

　市内に開設された「補助学級または促進学級」などの特別学級では「一学級に約二十名の劣等児及び低能児を収容して各個人別々にその知能程度に応じた教育を施」しており、「児童達も普通学級にゐたときよりも餘程快活になり、日々喜んで課業を続け、全く彼等にしつくりした学習態度を表はすに至つた」ことが紹介され、今後は「学習態度に適応した知識を与へる」だけでなく、「彼等の境遇に相応しい教育法によつて技術の実際を教授し学得せしめる」教育方

法の確立が目ざされた。

2. 補助学級研究科の開設と特別学級編制の実際的研究

　1923（大正12）年に発災した関東大震災の被害は甚大なものであったが、教育復興事業が促進されるなかで、多様な困難をもつ子どもの特別学級（補助学級）の復旧が迅速になされた。1924（大正13）年に、関東大震災前に特別学級（補助学級）を設置していた麹町区永田町小、神田区神田小、京橋区佃島小、本所区太平小、菊川小、本所小、芝区鞆絵小、麻布区筓小、赤坂区赤坂小、牛込区市谷小、小石川区林町小、柳町小、下谷区根岸小では復旧の見込みがたち、また下谷区の金曾木小、本郷区追分小、京橋区京橋小、本所区中和小には特別学級（補助学級）が新設される[40]。

　1924（大正13）年5月に東京市視学の本田親二と藤岡真一郎が中心となって教員講習所内に「補助学級研究科」を開設するが、本田は「今度は、震災前場所の関係上から変へる必要のあつたところや、焼けた為めに学級を移転せなければならなくなつたところ等の位置を改めて、いよく新たな気持で仕事を始めることにな」り、「劣等児、低能児、学力遅滞児の教育に従事し、この仕事に非常に興味をもつてゐる補助学級担任の訓導諸君が集り」「『補助学級研究科』なるものを組織して、真面目に、実際的に、低能児及び劣等児の教育を研究してゆくことになつた」と言及している[41]。

　本田親二は1924（大正13）年に「成績劣等児調査」、1925（大正14）年に「特殊児童調査」を実施したうえで、補助学級研究科を通じて市内の特別学級担任の教師とともに、「補助学級の形式的経営、補助学級の教育方針、一般研究、養護、社会関係」等の調査や実践研究に取り組んだ[42]。本田は補助学級研究科での取り組みを通して「補助学級の目的及び方針の研究」「劣等児及び低能児の原因の研究」「劣等児及び低能児に適当なる教科課程の研究」「補助学級の設備と備品の研究」「基準となるべき知能検査法の研究」「劣等児及び低能児に対する職業指導の研究」の遂行を目ざした[43]。

　例えば「劣等児及び低能児の原因の研究」では、特別学級在籍児童の約61％が「親の梅毒」「親のアルコール中毒」「先天的身体の欠陥」などの「遺伝」によるもの、約71％が「家庭的境遇不良」「社会的境遇不良」「疾患」「異常出産」

などの「境遇」によるものなど、多くの在籍児童が「数個の原因の累積」を有
していることが示され、本田は「劣等児」「低能児」が抱える多様な生活・発
達上の困難に着目していたことがうかがえる[44]。

　また、1923（大正12）年3月に東京市視学に就任した藤岡真一郎は、以前に
特殊小学校・林町小学校長に抜擢され、「貧民学校」と蔑まされていた林町小
学校を「日本一の学校にせねばならぬ」「日本一の生徒になさねばならぬ」と
いう意気ごみを持って、「自学自習カードと予習復習の時間設置」「校内校外自
治訓育の実施」「夏季林間学校」「少年団の組織」「促進学級の設置」等を実施
した経歴をもつ[45]。1930（昭和5）年に社会教育課長に異動するまで、補助学
級研究科において調査や実践研究に尽力した。

　こうした研究成果は毎年実施される研究発表会で報告され、1926（大正15）
年に『東京市小学校補助学級児童の健康状態について』、1928（昭和3）に『東
京市小学校補助学級の現状』、1930（昭和5）年には具体的な教育実践や指導
経過をとりまとめた『本市小学校に於ける補助学級の実際』に結実している
（表3）。

　さて、東京市教育局・視学課では子どもの多様な困難に応じる教育的対応・
配慮が必要であるとして、「知能年齢が暦年齢よりも一年以上低下せる」「学力
遅滞児」「劣等児」「低能児」は「学級の一斉教授に不適当であるので特別の取
扱を必要」とするため、「普通の学級に収容して、適当な時期に個別的取扱を

表3　補助学級研究科によって取り組まれた調査等

1926（大正15）年8月	東京市小学校補助学級児童の健康状態について
1927（昭和2）年3月	東京市における学力遅滞児、劣等児及び低能児の教育
1927（昭和2）年10月	知能検査法施行指針
1928（昭和3）年7月	補助学級設備に関する調査
1928（昭和3）年10月	東京市小学校補助学級の現状
1928（昭和3）年度	東京市立小学校補助学級児童に関する調査
1929（昭和4）年度	東京市立小学校補助学級児童に関する調査
1930（昭和5）年2月	本市小学校に於ける補助学級の実際
1930（昭和5）年8月	特別学級経営の組織化に関する草案
1930（昭和5）年度	東京市立小学校補助学級児童に関する調査

（出典：喜田正美編（1986）『喜田正春遺稿集』、pp.172-174 より作成）

なす」方法、あるいは「児童約二十名を収容し、その教育年齢に応じて個別教育を」「補助学級」で実施する方法を提起しており[46]、通常学級で不適応となった子どもの「個別教育」を実施する機関として「補助学級」（特別学級）の開設を促した。

「理想としては、各学校に二学級ずつ作りたい」「其中の一学級は、学力遅滞児を収容し、一学級は劣等児及び低能児を収容する方が便宜である」として子どもの学習能力に応じた特別学級編制を提起するとともに、学習能力を把握するために「知能検査」と「国語及び算術」の「教育測定」を並行して用いること、とくに知能検査については「団体検査によって大体の区別をなす場合には『国民知能検査』（渡辺、本田、栗林編）」「更に細別するときには、『簡易個人検査法』（本田編）」の使用を提起し、視学課・教員講習所では知能検査法の開発にも取り組んだ。

また、学校衛生課や学校衛生技師と協同して1926（大正15）年から、ほぼ毎年「本市立補助学級児童ノ健康状態調査」を実施し、「特別学級（補助学級）」に在籍している子どもの健康問題・疾病等を明らかにしている[47]。これによれば特別学級（補助学級）在籍児童は「生活状態ハ貧困ノモノガ多」く「身長、体重、胸囲ガ平衡シテヨク釣合ツタ体ガ少」く、児童一般に比して「補助学級ノ児童中ニハ三十乃至四十％モアル即チ約十倍ノ栄養不良児」や「五倍ノ近視」があること、聴覚障害についても特別学級在籍児童の発生率が高いことが明らかにされ、学習支援にとどまらず、子どもの健康問題・疾病・障害等の困難に応じた教育的対応が求められた。

補助学級研究科においても「個性能力に応ずる取扱」「児童の生活に関係深きものを中心とする」などの教科教材に関わる工夫、訓練上の工夫とともに、「治療医の手当励行」「姿勢に注意」「清潔に注意」「疲労を顧慮」「早起早寝の奨励」「家庭環境の整理」などの「養護上特に注意せる事項」に関わる検討がなされており[48]、子どもの疾病・健康問題等への教育的対応が目ざされていたことがうかがえる。

1927（昭和2）年、東京市視学の本田親二と藤岡真一郎の主導のもとに、すべての特別学級（補助学級）担任教師を補助学級研究科に所属させ、補助学級（特別学級）の一般方針が定められ、これらが基になって東京市として「補助

学級改善方針」が出される。

　これによれば補助学級（特別学級）では、通常学級に在籍する「知能に欠陥ある児童」「性格異常児」「教育的欠陥ある児童」「環境の不良なる児童」「病弱児」等の多様な学習・発達上の困難をもつ子どもに対して、「各自の個性並びに心身の発達状態に適切なる境遇、施設、方法を有意的具案的に確立設定し、彼等の本性及び才能の回復伸展を計」ることがめざされ[49]、小学校に在籍する多様な困難をもつ子どもへの「特別な教育的対応・配慮」の実施として、補助学級（特別学級）の編制が推進されたものとして捉えられる。

　しかし、昭和恐慌による教育費削減のあおりも受けて、1929（昭和4）年から1930（昭和5）年にかけて特別学級（補助学級）8学級が廃止され[50]、加えて教員講習所の研究・調査機能が視学課に移されることもあって、補助学級研究科も廃止に至る。こうしたなか、当時関口台町小の特別学級担任であった喜田正春が中心となり、1930（昭和5）年に「補助学級調査委員会」が新たに組織されることになる。

　喜田正春は大阪市視学の鈴木治太郎の勧めもあり1923（大正12）年7月に大阪市に出向、大阪市船場小学校特別学級における子どもの個別的指導法の研究とともに、船場小学校児童約1,000名に対して個別的知能検査を実施して通常学級における「特別な教育的対応・配慮」に関する教育実践研究を行い、1929（昭和4）年5月に帰京して東京市小石川区関口台町小特別学級担任となった[51]。喜田が中心となって組織した補助学級調査委員会では「全児童数ノ約二〇％ガ普通以下ノ能力ノ児童デアル」ことを前提に、子どもの学習能力に応じて能力別学級編制を導入したり、促進学級・補助学級の2系統の特別学級編制を通して、子どもに応じた教育的対応がめざされた[52]。

　補助学級（特別学級）の教育方針については「個性観察票」「指導経過票」を用いて子どもの学業・情緒・生活・健康身体面の困難を詳細に明らかにした上で、丁寧な学習指導、「身体の健康」改善、「日常の実際生活の指導」、「職業的準備」がめざされた[53]。在籍児童の多くは「極メテ衝動的デ統制ヲ欠キ無秩序デアル」ため、「児童ノ精神発達状況ヲ詳細ニ観察シタ上デ」「身体ノ健康及衛生習慣ノ養成」「日常ノ作法ノ指導」「道徳的知識ノ附与」「閑暇時ノ指導」「夏季施設実施方法」が取り組まれ、学習指導については小学校令の教科目に則り

ながら、子どもの実態に応じた教育的対応がなされた。

IV．おわりに

　本稿では、昭和初期の東京市教育局による教育改善事業と多様な困難をもつ子どもの特別学級編制の組織化の実態について検討した。

　関東大震災以後、東京市は教育復興事業の推進が実施され、その一環として学校衛生の拡充、教員講習所の調査研究機能の向上、特別学級の復旧・復興事業が実施された。また、小学校児童の「健康状態調査」「脚気調査」「口腔衛生調査」等を通して子どもの疾病・健康問題等が明らかにされ、学校衛生設備整備、学校看護婦配置促進、学校給食実施がなされるとともに、身体虚弱児対象の「養護学級」、肢体不自由児対象の「光明学校」、弱視児対象の「弱視学級」等の子どもの疾病・障害に応じた特別学級・学校の開設が行われた。

　とくに関東大震災後において、東京市教育局は教育復興事業の一環として「復興小学校」の建築だけでなく、実態調査を通して「貧困・児童労働・疾病・非行」等の背景にもつ子どもの多様な困難を把握し、そのうえで通常学級で多様な困難を抱えていた子どもの特別学級（補助学級）の復旧と編制促進を迅速に行ったこと、また東京市視学の本田親二・藤岡真一郎が特別学級（補助学級）担任教師と協働して「補助学級研究科」を結成して知能検査法の開発、子どもの生活と発達の困難に応じた教育方法の開発を実施したことから、東京市教育局・視学課のリーダーシップによって多様な発達上の困難を抱える子どもの特別学級（補助学級）編制が促進され、その一環において「補助学級研究科」による多様な教育研究が取り組まれたと捉えられる。

　しかし、1927（昭和2）年5月の本田親二の退職、1930（昭和5）年4月の藤岡真一郎の社会教育課長への異動以後、特別学級（補助学級）に関する調査や実践研究は特別学級（補助学級）担任教師によって組織された「補助学級調査委員会」に委託された。東京市教育局や視学課がその後の特別学級（補助学級）にどのように関わっていたのかについてはほとんど解明されておらず、その検討は次の課題である。

註・引用

1) 石井智也（2019）明治・大正期の東京市における初等教育の成立・普及と「特別な教育的対応・配慮」に関する歴史的研究、博士（教育学）学位論文、東京学芸大学大学院連合学校教育学研究科。

2) 石井智也・石川衣紀・髙橋智（2014）関東大震災後の東京市の教育復興計画と多様な教育困難を有する子どもの特別学級編制、『日本教育史学会紀要』第4巻、pp.68-87。

3) 東京都立教育研究所（1996）『東京都教育史通史編三』、pp.549-566。

4) 東京都立教育研究所（1997）『東京都教育史通史編四』、pp.33-35。

5) 東京市役所（1930）『東京市教育復興誌』、pp.303-307。

6) 帝都教育家列伝発行所（1936）『帝都教育家列伝』、pp.1-6。

7) 東京市役所（1930）前掲5）、pp.1-3。

8) 東京市役所（1930）同上、pp.398-413。

9) 東京市役所（1930）同上、pp.431-438。

10) 東京市役所（1930）同上、pp.415-420。

11) 東京市役所（1932）『東京市教育概要（昭和七年度）』、pp.96-99。

12) 無署名（1926）東京市に学校衛生課新設さる、『児童研究』第29巻4号、p.135。

13) 東京市役所（1933）『東京市大正十五年事務報告書』、pp.267-272。

14) 東京市役所（1933）『東京市昭和二年事務報告書』、pp.232-233。

15) 東京市役所（1933）『東京市昭和四年事務報告書』、pp.100-101。

16) 無署名（1928）東京市内外児童ノ健康状態調査、『日本学校衛生』第16巻10号、pp.68-69。

17) 島蘭内科教室同人（1927）東京市内二小学校ニ於ケル脚気調査、『日本学校衛生』第15巻11号、pp.33-39。

18) 無署名（1928）東京市ノ病的児童、『日本学校衛生』第16巻9号、p.59。

19) 東京市政調査会（1926）『都市教育の研究』、pp.248-317。

20) 杉田武義（1930）東京市ニ於ケル小学校ノ復興ト学校衛生上ノ設備ニ就イテ、『日本学校衛生』第18巻8号、pp.37-44。

21) 東京市教育局学務課（1928）学校衛生婦ニ関スル調査、『日本学校衛生』16巻8号、pp.52-60。

22) 東京市役所（1929）『昭和四年七月一日現在東京市職員録』、p.26。

23) 東京市役所（1933）『東京市昭和七年事務報告書』、pp.132-134。

24) 東京市立光明学校（1932）『東京市立光明学校概要』第1輯、pp.9-10。

25) 東京市立光明学校（1932）同上、pp.9-10。

26) 無署名（1931）骨関節並筋肉ノ疾病異常ニ依ル体操免除児童調査、『日本学校衛生』第19巻10号、p.667。

27) 東京市教育局体育課（1934）東京市立小学校に於ける運動機能障碍児童調査、『医

海時報』第2084号、pp.39-40。

28)　東京市教育局学務課（1933）東京市立小学校弱視児童調査、『日本学校衛生』第21巻3号、pp.50-53。

29)　東京市役所（1934）『昭和九年七月一日現在東京市職員録』、pp.30-31。

30)　加用信憲（1934）東京市立小学校に於ける病弱児童の数と特別施設、『医海時報』第2084号、pp.2-3。

31)　橋本勝太郎編（1936）『伸び行く子供をどうするか』、pp.19-24。

32)　石井智也・石川衣紀・髙橋智（2013）大正期の東京市における教育救済事業と多様な困難をもつ子どもの特別学級編制、『SNEジャーナル』第19巻1号、pp.144-160。

33)　無署名（1922）視学機関の充実、『都市教育』第209号、p.29。

34)　無署名（1922）市視学研究部分担表、『都市教育』第219号、p.21。

35)　無署名（1922）精神検査法講習、『都市教育』第209号、pp.29-30。

36)　本田親二（1923）劣等児及び低能児の教育に就いて、『日本学校衛生』第11巻2号、pp.76-77。

37)　久保良英（1920）小学児童に試みたる団体的智能検査法、『児童研究所紀要』第4巻、pp.1-4。

38)　渡邊徹・本田親二・栗林宇一（1924）東京市小学児童智能検査に関する報告、『日本心理学雑誌』第2巻5号、pp.1-98。

39)　本田親二（1923）前掲36)、pp.73-79。

40)　無署名（1924）補助学級研究科の開設、『都市教育』第235号、p.31。

41)　本田親二（1925）東京市補助学級研究科に就いて、『教育時論』第1435号、p.6。

42)　無署名（1924）補助学級研究科概況、『都市教育』第236号、p.32。

43)　本田親二（1925）前掲41)、pp.6-7。

44)　本田親二（1925）同上、pp.8-9。

45)　林町尋常小学校同窓会（1940）『同窓会誌母校三十周年記念号』、pp.4-9。

46)　喜田正美編（1986）『喜田正春遺稿集』、pp.70-74。

47)　学校衛生課（1927）東京市補助学級児童ノ健康状態、『日本学校衛生』第15巻12号、pp.29-38。

48)　東京市役所（1928）『東京市小学校補助学級の現状』、pp.11-15。

49)　喜田正美編（1986）前掲46)、pp.74-78。

50)　無署名（1931）「市の補助学校　減少に反対」、『教育週報』1931年2月14日付。

51)　喜田正美編（1986）前掲46)、pp.21-25。

52)　無署名（1930）『特別学級経営ノ組織化ニ関スル草案』

53)　東京市役所（1930）『補助学級ニ関スル調査』、pp.1-52。

84　　　　　　　　　　　　　　SNE ジャーナル，26 (1)，2020，84 - 102

原　著

濃尾震災（1891年）による
愛知県下の子ども・学校の被災実態と教育復興
—災害時に露呈する子どもの生命の位置づけを中心に—

能田 昂

（尚絅学院大学総合人間科学系）

髙橋 智

（日本大学文理学部）

　日本では歴史的に災害が発生する度に社会的弱者が過酷な状況に追い込まれてきており、1891年に発生した濃尾震災においても数多くの子どもが困難を経験した。本稿では、濃尾震災（1891）により被害を受けた愛知県の学校教育における事例の検討を通して、教育被災の実態や復興の取り組みに伴って露呈する当時の子どもの生命の位置づけについて明らかにした。

　西春日井郡の学務課史料からは、登校不能に至った子どもの実態や、赤貧の家族の負傷や震災前からの貧困の更なる悪化等により「究困」を極める諸事情が報告されていた。丹羽郡の学務課史料においては「勅語謄本」を奉護したかが優先して記載されたのち、児童の安否の記述がなされている史料が多数発見された。国民を「訓練」する装置たる「勅語謄本」の力が既にこの時期において強かったことを証明する出来事であり、当時の学校教育において何が最優先とされていたかという、子ども存在へのまなざしの一端を端的に示す格好の事例といえる。

　被災により登校不能となってしまった彼らが地域の救済者によって保護され、生存し得たのか、またそうでないのかも含めて調査・検討を進めていく必要がある。

キーワード

濃尾震災　Nobi Earthquake

愛知県　Aichi Prefecture

教育復興　Reconstruction of Education System

Ⅰ．はじめに

　2011（平成23）年の東日本大震災の発災から9年以上が経過しているが、避難者数は依然として5万人規模であり[1]、被災を経験した子どもには不安・恐怖・抑うつ・ストレス等の膨大な蓄積があると想定される[2]。2020（令和2）年の新型コロナウイルス感染症（COVID-19）の大流行は世界を席巻しているが、歴史上の感染症と同様に、子ども・社会的弱者を筆頭に人々の生命・生存への直接の脅威となる厄災であることを目の当たりにしている[3]。それらが子どもの発達に与える影響の解明や発達支援のあり方の検討は、現代の日本社会が総力を挙げて取り組むべき喫緊の課題である。

　歴史的にも様々な天変地異・災害によって子ども・社会的弱者が過酷な状況に追い込まれてきた。1891（明治24）年10月28日、岐阜県および愛知県を中心に発生した「濃尾震災」は、内陸型地震としては現在に至るまで日本最大の大きさであり、近代的な国家制度を整えつつあった日本に強烈な衝撃を与えた大災害であった。

　当時、大日本帝国憲法の公布（1889年）、教育勅語の発布（1890年）がなされ、まさに国家運営を見定めていた時期であり、国土を分断した災害は当時の社会制度の矛盾や課題を可視化させた。この時、近代国民国家において誰がどのような救済を行うのかが初めて明確に問われたが、江戸時代までの村落共同体が次第に相互扶助的機能を失い、国家に奉仕する度合いにおいて価値が与えられ、序列化されていくなか、明治政府は社会的弱者を積極的な救済施策の対象としなかったため、社会的弱者は窮地に追い込まれた。特に災害発災後には「子ども存在の軽視、障害児の生命・生存の保障という視点の欠落」が露呈し、学校児童、貧困・家庭問題を抱える孤児や障害児者らに直接作用した。

　西川長夫や牧原憲夫らによる国民国家論は、「国民」という非日常的概念が民衆と国家の間に浮遊する中、近代化装置によって国民統合が行われていく過程を描写するが[4]、災害という非日常からの復興に関わる諸要素もまた国民統合の装置として利用されていた可能性がある。特に明治政府や天皇皇后、皇室関係者からの支援、恩賜金の下付、また被災地の学校において強力な位置づけ

であった御真影・教育勅語謄本も含め、末端民衆を国民国家に包摂する働きが
あったと考えられる。

　「劣位」とされる「弱者」の存在を必要とし、統合と排除を複雑に孕む国民
国家の矛盾のなかで、当時、精力的に孤児・孤女や社会的弱者の救済活動にあ
たったのは、主には石井亮一・森巻耳を始めとするキリスト教徒や仏教徒らで
あった。濃尾震災におけるこれらの宗教関係者・民間篤志家の活動は、後の障
害児教育保護の成立へと繋がる重要な活動であったと考えられる。菊池義昭
（2012）は濃尾震災における救済活動がその後の弱者救済システムを社会的に
拡大する契機であったと指摘しているが[5]、濃尾震災後の児童救済活動につい
てはさらに未解明の課題が多くある。災害に伴う孤児・障害児を対象とした教
育保護や救済の具体的な処遇内容、その後の障害児教育保護システムの成立に
与えた影響についての検討等である。

　筆者らの問題関心は「災害と子ども被災・救済の特別教育史」分野の開拓に
あり[6]、過去の代表的災害における救済のあり様を、社会的弱者、特に子ども
（孤児・障害児含む）の被災の実態に関する当事者の経験を、史料分析を基に
歴史的検証を行うことを目的としている。特に近代国民国家の成立期に起きた
濃尾震災を中心として孤児・障害児者を対象とした救済保護の実態、またその
後の障害児教育保護システムの成立に与えた影響について明らかにしていくも
のである。

　特に本稿では、濃尾震災（1891）により甚大な被害を受けた愛知県の学校教
育における被災事例の検討を通して、子ども・学校の被害実態や教育復興の取
り組み、子ども・学校の被災や復興に伴って露呈する当時の子どもの生命の位
置づけについて明らかにしていく。

　救済・復興の過程で児童がどのような取り扱いを受けたか、「子どもの生命
の位置づけ」という課題を検討することは災害時における「子ども存在の軽
視、障害児の生命・生存の保障という視点の欠落」の実態をより明確にするも
のである。特に愛知県において、「勅語謄本」の安否が児童の安否より先に記
載されている事例に着目する。行政主導の聞き取り記録が示す実態は、明確に
当時の子どもへのまなざしを示していると考えられるためである。

　今回、筆者らが愛知県公文書館で史料調査を実施した結果、愛知県丹羽郡お

および西春日井郡の第三課（学務課）が当時記録した学事書類が発見された。被災した各学校からの届け出書類等が多数編纂されており、本稿ではこれらの一次史料をもとに検討を行うものである。

Ⅱ．先行研究の検討

　濃尾震災に関しては孤児院での救済保護に関する施設史研究が徐々に進められてきているが、学校教育に関する被害実態、被災児童や孤児・障害児への教育対応についてはほぼ未解明である。僅かに田甫（1981）が小学校の受災概況と学校再開までの教師の活動等について検討を行っている[7]。

　筆者らはこれまで、岐阜県下の小学校の被害実態および教育復興の経過について検討を行ってきた。各学校の記録である『震災小誌』等からは、災害に遭遇した子どもらに不安・恐怖・動揺等が見られたことが判明し、学習内容の忘却や暴言の増加等が顕著になり、劣悪な教室環境も相まって災後の学校教育は困難をきわめていた様子が明らかとなった[8]。例えば、岐阜高等小学校校長の横山徳次郎は教育の破断に対する危機感を示し、「有形」のものばかりに復興が集中するなか、子どもたちの将来にわたる「無形ノ損害」に対して行政も「世人」も鈍感であり、十分な意識が向けられないことを鋭く批判しており[9]、この指摘は現代にも通じるものであり、傾聴に値する。

　岐阜県と同様、最大震度7に見舞われた愛知県でも多くの小学校が被災したが、『愛知県史』、『愛知県教育史』等の中でも震災と学校教育に関する記述は限られ[10]、地域史（郡誌、町村史等）の中でもごく僅かに触れられている程度であり、全貌は明らかになっていない。教育史研究における「災害と教育」という切り口からの歴史的検討は、現代においてもきわめて不十分と言わざるを得ない。

　そのなかで簑島（1998）は明治期の岐阜県における「御真影」の普及過程に着目し、尋常小学校における御真影の高い普及率の要因として「濃尾大地震」の影響を挙げている。岐阜尋常小学校のように復興校舎落成式と御真影奉戴式を合わせて行う学校もあった。これについて簑島は、被災地に一万三千円の「恵恤金」を下賜した明治天皇・皇后への復興の喜びと感謝を表出する場とし

て御真影の奉戴式が位置付けられていたと指摘している[11]。

　御真影は教育勅語とともに国民統合装置の一つとして強くその機能を果たしていたことが、各種の先行研究により明らかにされている。御真影と教育勅語を正しく奉護することが至上命題となっていく明治期の学校において、濃尾地震下にあってその象徴的機能が強化されたことがうかがわれる。

　愛知県丹羽郡の学事書類のなかでも、学校からの被災報告の書面において、「勅語謄本」の安否が児童の安否より先に記載されている事例が多数見られた。御真影についても一部（まだ尋常小学校への複写奉掲という手段が完全に浸透していない時期であるため）の学校で同様であった。大災害という生存に関わる場面においてなお、教育勅語・御真影が子どもの生存より優先するかたちで強力に作用していたことの一端を示すものと考える。

　本稿においては、子どもの被災実態と同時に、教育勅語の位置づけについても検討を行うものである。なお、本稿で取り扱う主な地域や学校のおおよその位置は図1の通りである。

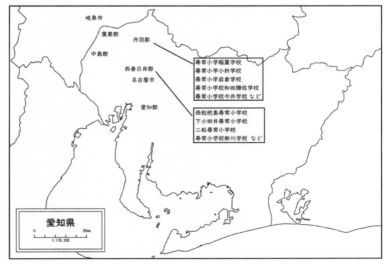

図1　本稿で取り扱う愛知県内の地域・学校

Ⅲ．愛知県における教育被災の概況

　濃尾地震は、内陸型地震として観測史上最大であったこともあり、その被害も日本の歴史上類を見ない規模となった。安政の大地震をはるかに凌ぐこの災害における死者数は全国で7,469人、負傷者は19,694人に達し[12]、その被災状況や被災民の窮状は発達しつつあった新聞や各団体の機関誌等のメディアによって瞬く間に日本全国へと伝わった。

　その後、明治政府や県行政による社会的弱者への救済の不足が明らかになった。近代国家としての体裁を整えるためもあり、窮民救済策として恤救規則が制定されていたが、これは親族・共同体による相互扶助を重視しているものであった。宇都（1996）が指摘するように、そのような扶助が不可能な場合のみ国家が救済を行うことが決められていたが、実際の保護・救済にあたっては制限的で救済者数も少なく、公的救助義務主義をとらないものであった[13]。未曾有の災害において多数の困窮者が発生しているなか、適切な救済を受けられていない状況を受け、民間の宗教慈善家や慈善団体が次々に被災地に集結することとなる。

　濃尾震災による尾張地方の被害として死者は2,331名、負傷者は4,550名、全壊家屋は67,771、半壊家屋は43,570にのぼった[14]。県内の尋常小学校は246校が被災[15]、その多くが全壊・半壊という甚大な被害を受け、復旧が見込まれないほどの被害を受けた学校は140校にのぼった[16]。

　混乱の最中においても岩村県知事は、小学校教育が「国民教育ノ事タル」ことをもって「多少ノ破損ニ止マルノ校舎ハ危険ヲ避ケ得ル丈ノ修理ヲナスカ如キ其他種々ノ方法ヲ以テ」授業を行っていくことを求めた[17]。震災当時、「天長節」（11月3日）が近く、「尊影（御真影）」や教育勅語の保全も含めて小学校の復旧が強く求められたことが指摘されている[18]。

Ⅳ．愛知県西春日井郡における
「特ニ究困ヲ極メタル」児童実態と教育復興の動向

　愛知県西春日井郡は大きな被害を被った地域である。西春日井郡での火災の発火場所であった枇杷島町・西枇杷島町は名古屋に接する人家密集地であり、国道に多くの家屋が倒壊して交通が断絶するなか、警察官と工兵隊が消火活動にあたった。全半壊した住家は6,437戸、住家以外の建物の全半壊は6,906棟にのぼる[19]。

　愛知県西春日井郡役所第三課（学務課）が記録した『震災一件綴明治廿四年十月廿八日以後全三冊』[20] に記されている西春日井郡の各学校（高等小学校1、尋常小学24の計25校）の報告から、学校の被災実態の一部を明らかにしていく。

愛知県西春日井郡

　高等小学校一　尋常小学校二四　計二五　但惣數
　　　此譯
　全潰　　高等小学校　　一　此修築費見積金貳千五百円
　同　　　尋常小学校　　九　此修築費見積金壱萬參百五拾五円
　半潰　　尋常小学校　　二　此修繕費見積金千貳百円
　破損　　尋常小学校　一三　此修繕費見積金參千九拾參円
　計　　二十五校　内　高等一　尋常二四　此修築及修繕費見積金壱萬七千百四拾八円
一　小学校生徒　壓死者　三十一人
　　　　　　内譯　男十六人　女十五人　内一人高等小学校生徒
一　小学校生徒負傷者　十四人　但軽傷者ハ掲載セス　又負傷者中
　　　　　　　　　　　目下過半治癒シ未治ノ者ハ夫々治療中
　　　　　　内譯　男八人　内一人　高等小学校生徒
　　　　　　　　　女六人　内一人　同上

　西春日井郡の児童生徒の被害として、木造家屋の「壓死者」とされている死亡児童数は31名（男子16名、女子15名）、負傷者は14名（男子8名、女子6名）であった。全壊した学校校舎は高等小学校・尋常小学校の計10校、その他も含めて25校が何らかの大きな損害を被っている。

西枇杷島尋常小学校

全倒

百拾貳坪半

十一月三日開校　同九日始業

校舎全損セシオ以テ町内字中嶋ニ於テ下小田井学校（全倒）ト脇同シテ仮小屋ヲ結ビ教育ノ命脈ヲ維グ計○ヲナシタレドモ奈何セン各自露宿飢餓ニ叫ブノ折柄雇ウベキ人足モ購フベキ財料モナケレバ不得止

両校生徒西風颯々タル原野ニ佇立シテ教授ヲナス

教師生徒共に教具書籍ヲ失亡シタル

災餘ナレバ到底思ハシク教授ヲナス○能ハズ

　名古屋市の北西に位置する西枇杷島町の西枇杷島尋常小学校では、1891（明治24）年10月28日の濃尾地震の発災から6日後の11月3日に開校、9日に始業と比較的早い学校再開がなされた。しかし、「各自露宿飢餓ニ叫ブノ」状況であり、食料も足りない状況で「西風颯々タル原野ニ佇立シテ教授ヲナス」と立って授業を受けていたことがわかる。

　また「二松・下小田井両学校は共に全壊、街上に架した鉄道アーチ（レンガ造り）も倒壊、枇杷島橋も、当時木橋であったが、中央より折れて落ちてしまった」と記されている[21]。「材料不足と人手不足で、約10日間の青空授業を余儀なくされ」[22]、11月の寒風吹きすさぶ中、合同仮校舎での授業が開始された（**写真1**）。その後、「下小田井尋常小学校は明治26年6月に、二松尋常小学

写真1　「西春日井郡二松下小田井両学校共同仮校舎授業ノ図」[24]

校は同年11月に校舎の新築が完成」[23] しており、それぞれ1年半と2年間とい
う長期にわたり、仮校舎での学校運営がなされていたことになる。
　また、清洲尋常小学校の写真記録からは仮開校当時、二松下小田井両学校共
同仮校舎よりも条件が悪い、完全な野外授業となっていた（**写真2**）。

写真2　「西春日井郡清洲小学校震災後授業ノ図」[25]

　児童の貧困・困窮状態についての記録もある。先述の西枇杷島尋常小学校に
関する学務課史料にも「究困ヲ極メタル者」についての一覧が記載され、震災
以前からの家庭事情についての説明や家族構成等についても記述されている。
史料の翻刻にあたっては個人情報保護のため姓の一文字目のみを記載した。

西枇杷島尋常小学校
生徒ニシテ震災ノ為メ特ニ究困ヲ極メタル者
　二年生　川〇〇〇〇　元来母一人ノ手ニ養ハレ居リシニ家屋全倒ノ際母ト兄ト壓死
　　　　　　　　　　　シ自身ハ重傷ヲ負ビ僅カニ親戚ノ手ニ養ハル
　一年生　小〇〇〇〇　六年八月　家屋全燒老人小児ヨタク之レアリ
　二年生　伊〇〇〇〇　十年一月　父負傷家族七人アリ
　三年生　田〇〇〇〇　十年八月　家屋家財悉皆燒失
　一年生　水〇〇〇〇　七年三月　祖父重症父軽傷家屋全倒

　西春日井郡尋常小学校新川学校の以下の記録からは、総じて震災以前より家
庭が非常に貧困状況にあったうえ、さらに震災により家屋が「顚倒」し、親戚
の救助を仰いでいた場合も、彼らも被災者として「辛苦」を経験しているため

「一家生計ノ道」が困難に陥った等の事例がほとんどであった。生活や生業の「諸器具」も「悉」く破損していることも影響している。以下は一部抜粋である。

```
震災ノ為生徒死亡ノ者
　才一年級　高○○○○　六年一ケ月
　才一年級　田○○○○　六年三ケ月
生徒ニシテ震災ノ為メ特ニ究困ヲ極メタル者
　才三年生　渡○○○○　九年五月　父○○○ハ家素ヨリ赤貧ニシテ僅ニ舟子ヲ以テ
　　　業トナシ（筆者中略）日々登校シ能ハサラシムルニ至レリ
```

地震災害による児童生徒への精神面への影響の一端として、比良分場での記録を抜粋する。

```
校舎　大破損
校舎坪数　三拾八坪
震災後始業ノ日並　本月五日
震災後ニ係ル教授ノ状況　教具並ニ各生徒携帯用具等不整頓ノミナラズ校舎傾向シ為
　メニ生徒大震ノ后心々恟々鳴動スル毎ニ動揺スルヲ以テ始メ三日間ハ校外ニ机ヲ竝
　列シ
比良分場　　明治廿四年十一月廿八　舟橋武男
```

「震災後ニ係ル教授ノ状況」として児童の心身の動揺が記録されている。「生徒大震ノ后心々恟々」と地震を恐れ、繰り返す余震の度に「動揺」している様子がわかる。教具が全く揃わない状況で、余震も続く中、はじめ3日間は学校外に机を並べて授業を再開したとある。

岐阜県の小学校においても同様に、通っていた学校も倒壊する等「未曾有ノ変事」に遭遇し、「驚愕ノ余リ」それまでの学習内容を甚だしく忘れてしまう等のかたちで、子どもの深い不安・緊張・恐怖・ストレス等が見て取れる事例（各務郡各務尋常小学校）が存在した[26]。震度6〜7を体験した愛知県においても、子どもの心理面に大きな影響があったと考えられる。

このような状況下では到底、震災前と同様の学校運営を行うことが出来ず、西春日井郡でも岐阜県での対応と同様に職員を半数以上減らし、体操や唱歌を省いて授業を行った。

> 岐阜縣ノ如キ目今開校ノ〇〇悉ク職員ヲ半数以上ニ減シ一年期二年期ヲ午前三時間三年期四年期ヲ午后三時授業シ唱歌体操ノ如キ学科ハ之ヲ省ケリ
> 同縣ハ目下三〇河ノ工事中ナレハ学童半日ノ餘暇ヲ以テ七八銭、三四銭ノ工〇ヲ得テ父兄ヲ補助セリ 本郡モ今将サニ同事情ナラントス故半日授業ヲナスハ其便少ナカラス

　ここで注目すべきは、崩壊した河川堤防の復旧工事に子どもが動員されていることである。崩壊した堤防の復旧に140万円が政府より拠出されたが[27]。木曽川の堤防復旧工事に動員させられていた子どもについて、以下のように描かれている[28]。

> 木曽川堤大破大シ凹ミワレ杯致ス
> 男女子供迄明ケ六つ時ニ集マリタ暮迄也　上人足廿五銭、弱人足十八銭、女十銭、子供八九才ヨリ出ル二銭五厘ヨリ五銭ナリ

　午前6時に男・女・子どもが集まり、「上人足」（健康でよく働く者）25銭、「弱人足」（体が虚弱であるためあまり働けない者）18銭、女性10銭、8歳から9歳の子ども2銭5厘から5銭で雇われ、堤防復興工事に従事させられていたのである。この実態についてはほとんど明らかになっていないものの、歴史的に治水事業を重視してきた岐阜にとって、堤防の決壊等はさらなる災害を生む可能性があるなかで、相当数の人員が動員されたと考えられる。これらの「雇用」が罹災者らの貴重な収入源であったとの評価も可能だが、8歳から9歳の子どもらが災後の状況下で日没まで働かされていたことは、子どもという存在への軽視をまさに象徴する事態であった。岐阜県同様、愛知県においてもこのような被災地において復興作業に従事する児童も多かったことが推察され、登校児童数が減少したと考えられる。

　実際、愛知県西春日井郡では、家庭の貧困状態等も相まった状況下で、開校した小学校に登校する児童数は大幅に減少している。

　例えば二松尋常小学校では218名から81名に減少しており、死亡児童は男子4人、女子3人の計7名である。下小田井尋常小学校もほぼ半減している。188名から60名と3分の1以下にまで減少した清洲尋常小学校は、児童の死者数も最も多く男子4名、女子6名の合計10名であった（表1）。

　各校からの届け出書類の中には校舎や教材等の被害、児童の人的被害、震災

表1　震災前後の登校児童数の変化

学校名	震災前児童数	震災後児童数	減数
高等小学校	240名	138名	102名
二松尋常小学校	218名	81名	137名
下小田井尋常小学校	166名	87名	79名
新川尋常小学校	141名	72名	69名
清洲尋常小学校	188名	60名	128名

後に困窮を極める児童の情報等が記載されている。「日々登校シ能ハサラシムルニ」至った子どもも多く、赤貧の家族の負傷や震災前からの貧困の更なる悪化等により、「究困」を極める諸事情が各学校から報告されている。下記は落合尋常小学校からの報告で、児童の父親の眼病による困窮や授業前後の時間に子守や薪拾いに従事せざるを得ない児童の実態である。

落合尋常小学校『復命書』より　生徒ニシテ震災ノ為メ特ニ困窮ヲ極メタルモノ
落合村　加○○○○　二女二男
　二年生　加○○○　十一年十一月　壱年生　全　○○　八年0か月
右之者元来不動産等ハ更ニ無之加フルニ○○○多年眼病ニ罹リ終ニ隻眼共翳ヲ生ジタルニヨリ日雇ニ行クモ到底一人並ミノ業務ヲ取ル能ハザレバ人ノ依頼ヲ受ケ傍ラ按腹ノ業ヲナシテ家族七人ノ餬口ヲ凌グ程ナルニ今面○ノ震災ニ付住居家全倒シ是ガ為メ目下餬口ニ○々タリ
落合村 鈴○○○　長男二男
　三年生　鈴○○○○　九年十月　壱年生　鈴○○○　八年十一月
二人ハ授業前後ノ時間ヲ以テ他家ノ子守或ハ薪拾ヒニ従事スルヲ常トス然ルニ今面○突然ノ震災ニ住家全ク顛覆シタルヲ以テ実ニ名状ス可ラザル有様ナリ

V．愛知県丹羽郡における教育復興と勅語謄本奉護の実態

　愛知県丹羽郡は県西北部に位置し、木曽川に面しており、震源の岐阜県とも隣接する地域であった。丹羽郡の全半壊戸数は6,584戸にのぼり[29)]、「震域殆んど全國に亘りたるが、本郡は之が激震部に當り、瞬間に家屋建物を倒壊し、地盤を裂罅し、濁水を噴出せしめ、土地或は陥落し、或は隆起し堤防道路の崩壊

夥しく、惨憺たる」状況であった[30]。

　丹羽郡学務課史料[31]には、早朝の震災であったため西春日井郡と同様に学校内での死者はいないが、家庭での「圧死者」等の「死亡生徒」や「負傷生徒」の存在が記載されており、震災から1カ月弱が経過した時点での学校が把握している被害状況報告がなされていた。

　郡内の34校のうち「全潰」14校、「半潰」20校と被害は甚大である。郡内児童の死亡者数は14人、負傷者19人となっており[32]、被災後の状況として岩倉小学校が一事例として写真とともに紹介されている[33]。発災から1週間が経過し、各学校において徐々に仮小屋・民家・野外にて授業が再開されるなか、岩倉小学校は「近傍の林間に幕を張り」、林間教授という形で授業を開始した（**写真3**）。

写真3　「震災当時の林間教授」[34]

当時学校の概況を見るに、後者を見るに、校舎大半倒壊し、郡内児童の死亡せし者十四人負傷者十九人あり、各学校何れも休業せしが、十一月三、四日頃より、仮小屋、民家、又は野天に於て、授業を始めたり就中岩倉小学校は、学校近傍の林間に幕を張り、三日より授業を開始せしが、十七日小松宮殿下巡視の際、深く之を御感賞あらせられ、親しく優渥なる御奨励の令旨を賜ひ、随行官同宮別當高崎男爵は家こそは倒れたりけれものまなぶ道はなゐにもくづれざりけりと詠して感激せられたり。

　巡視に訪れている「小松宮殿下」とは皇族軍人の小松宮彰仁であり、戊辰戦争で征討大将軍として指揮を執った人物である。1890（明治23）年に陸軍大将、

1898（明治31）年に元帥となり、近衛師団長や参謀総長も務め、軍事制度の整備に貢献した。また、博愛社（日本赤十字社の前身）等の社会事業関連団体の総裁も務めた[35]。このような強い影響力を持つ皇族が震災後1週間の時期に被災地を巡視しており、すでに岐阜・愛知に対して3千円ずつ初発の恩賜金を下附していた天皇・皇后の恩恵を広く知らしめるための重要なメッセンジャーとしての役割もあったと考えられる。

　丹羽郡の第三課（学務課）への届出書類は、学校被災の詳細の届け出、備品の損害や復興に向けた各種必要経費の届出等が多く見られた。これら各学校の報告内容はその項目等において共通する部分が多く、必要に応じて内容の加除を行っていることが伺えるが、基本的には行政主導の形式による届出書類である。この郡による初発の学校状況確認の動きのなかで特に特徴的なのが、児童生徒の安否確認よりも先に「勅語謄本」の「奉護」に関する記載がなされている事例が多数見られたことである。

　濃尾地震発生の10月28日は「天長節」が近かったことも関係し、御真影や勅語謄本の徹底管理が求められたことは言うまでもない。濃尾震災が発生した1891（明治24）年は御真影の複写奉掲が許可されていた学校も少なかったため、御真影の奉護に関する記述は一部であり、各学校にすでに強力に浸透していた教育勅語の「勅語謄本」の奉護についての記録が多い。

　教育勅語は1890（明治23）年10月30日に出されると、その「謄本（公的な複製品）」が各地の学校に交付され、「名古屋市内の小学校は明治二四年一月二二日に、上小田井尋常小学（現在の山田小学校）を始めとした西春日井郡内の学校は二月一一日に『教育勅語』謄本を受領」「受け取る側の『自発性』が求められた『御真影』に比べて、『教育勅語』謄本は一律かつ強制的に下付された」[36]。家永（1999）は「天皇・皇后の『御影』に対する『最敬礼』、天皇統治の天壌無窮を祈る歌詞をもつ『君が代』の合唱等をあいまち、そうした身体的動作を反覆することにより、知識としてよりも感性の面から天皇への畏敬の念を培うための訓練」と指摘する[37]。

　丹羽郡においても震災発生時の勅語謄本の奉護は最優先事項であり、校長や各教員がどのように勅語謄本を奉護したかが優先して記載されたのち、児童の安否の記述がなされている。この件について、丹羽郡役所第三課『明治二十四

年震災ニ関スル学事書類』より、以下3例を抜粋する。

勅語謄本
　　震災後本校長（加藤悟○）居宅ニ○テ奉護仕○
生徒死亡　　二名　内　男壱名　女壱名
生徒負傷　　一名　内　男一名
少折学校長加藤悟○

　　　○届　　　　　稲置學校
一、勅語謄本
　　震災後直チニ出校○処校舎破損ニ付奉持シ自分宅ニ奉護仕○候
二、死亡及負傷者
　　死亡四人　男二人内臨時雇一人　女二人
　　負傷九人　男二人内重傷一人　女七人全一人
　　　　　　　　　　　　　　稲置學校長
　　明治廿四年十一月廿四日　　　小出良虎

　　　丹羽郡尋常小学校和田勝佐学校
一、勅語謄本
　　（村長らとの奉護についてのやりとり、土蔵での保管等が読み取れる）
二、生徒死亡　男　壱人
　　　和田勝佐学校訓導

　また、これらの「近代装置」は、地域復興や学校復旧における重要な役割も担った。小野（2014）は「御真影下付に関する政策的意図だけではなく、御真影を『拝戴』する側の意識をも含めて総合的に考察した点が重要である」とし、「御真影を受け入れた学校側が、天皇の神格化や天皇制教化という問題とは別の次元で、『御真影』の『拝戴』は、権力（政府）からの権威を得るための手段として利用する側面があること」を指摘している[38]。

　岐阜・愛知の学校・教員らがこれらの「近代装置」を強い拠り所にし、御真影や勅語謄本を「奉護」し守り抜くことで、「一人前」の学校として成立することを目指すと同時に、これが教育復興をめざす原動力にもなっていたとも考えられる。

　さて、震災から7カ月ほどが経過した時期に、丹羽郡第三課主任の長尾四郎

が各校に向け、「震災小学校生徒中孤児又ハ貧困ノモノ」の数を「取調至急」差し出すように通達を出している。集計の結果、孤児23名、貧困者805人に上った。以下は、丹羽郡尋常小学校今井学校の「孤児又ハ貧困者取調書」である。彼らが地域の救済者によって保護され生存し得たのか、またそうでないのかも含め、引き続き調査・検討を進めていく必要がある。

```
孤児又ハ貧困者取調書
　　　丹羽郡尋常小学校今井学校
孤児　　　奥○○○○　全　奥○○○　全　奥○○○○　全　水○○○○
　　　　　計四人
貧困者　　奥○○○　全　水○○○○　全　林○○○　全　林○○
全　　　　長○○○○　全　水○○○○　全　水○○○○　全　林○○
　　　　　計八人
御照會之趣取調候処右之通ニ御座候依テ此段上申仕候也
　　　追テ分校ノ分ハ別ニ分校ヨリ可差出候様取○ヒ申置候俣
　　　間此段申添候
　　　　　　　　　　　右校訓導
明治二十五年六月十七日　　　　　中野周次郎
```

Ⅵ．おわりに

　本稿では、濃尾震災（1891）により甚大な被害を受けた愛知県の学校教育における被災事例の検討を通して、子ども・学校の被害実態や教育復興の取り組み、子ども・学校の被災や復興に伴って露呈する当時の子どもの生命の位置づけについて明らかにしてきた。

　西春日井郡学務課史料からは学校教育が破断された実態や児童らの被災による困難も一部が示された。過酷な状況下で登校不能に至った子どもも多く、赤貧の家族の負傷や震災前からの貧困の更なる悪化等により、「究困」を極める諸事情が報告されていた。

　丹羽郡の学務課史料においては「勅語謄本」を奉護したかが優先して記載されたのち、児童の安否の記述がなされている事例が多数確認された。国民を「訓練」する装置たる「勅語謄本」の力が既にこの時期において強かったこと

を証明する出来事であり、学校教育において何が最優先とされていたかとい
う、当時の子どもへのまなざしの一端を端的に示す格好の事例といえる。

　被災により出席不可能となってしまった「究困ヲ極メタル」児童がその後、
地域の救済者によって保護され生存し得たのか、またそうでないのかも含め、
引き続き調査・検討を進めていく必要がある。

　さて、今日においても、災害・パンデミック等における教育対応は混乱を極
め、子どもの多様な発達困難や支援ニーズに十分に対応されない状況が続いて
いる。上記のような歴史的な実態もふまえながら、常にないがしろにされる子
どもの存在とその発達保障の欠落について検討していくことが当面する課題で
ある。

文献・註

1) 　復興庁（2019）報道資料・全国の避難者数の数［令和2年3月31日発表］は約4万
7千人を数える。現在、避難者は全国47都道府県、972の市区町村に所在している。
2) 　生島浩（2015）ハイリスクな子どもと家族の支援—東日本大震災への家族支援・
福島からの報告—、『保健の科学』第57巻6号、pp.393-397。
3) 　加藤茂孝（2013）『人類と感染症の歴史』丸善出版。内海孝（2016）『感染症の近
代史』山川出版社。
4) 　西川長夫（2012）『国民国家論の射程—あるいは＜国民＞という怪物について［増
補版］』柏書房、牧原憲夫（1998）『客分と国民のあいだ—近代民衆の政治意識』吉
川弘文館。
5) 　菊池義昭（2012）社会福祉史研究における災害救済史研究の役割を考える、『社
会事業史研究』第41号、pp.2-5。
6) 　筆者らが検討してきている濃尾震災に関連する各事例には、障害問題だけでなく
子どもの多様な「生活と発達の困難」と支援ニーズが示されている。学校被災での
子ども達の学習困難・落ち着きのなさ・暴言・荒れ等の「無形の損害」、今日の
PTSD・トラウマと推察される子どもの症状、孤児院における子どもの病死等の実
態とそれらの救済・教育保護にいたる取り組みを広く「特別教育」と考え、「特別
教育史」というカテゴリーで捉えている。
7) 　田甫桂三（1981）濃尾地震と教育の復興、『武蔵野音楽大学研究紀要』第14巻、
pp.95-120。
8) 　能田昂・髙橋智（2018）1891（明治24）年の濃尾震災による岐阜県下の子ども・
学校の被害実態と教育復興の取り組み、『チャイルドサイエンス』Vol.15、pp.33-38、
日本子ども学会。

9)　岐阜市高等小学校（1893）『明治廿四年大震災記事』、p.24。

10)　愛知県教育委員会編（1989）『愛知県教育史資料編近代二』。愛知県史編さん委員会（2004）『愛知県史資料編34近代11教育』等で言及はされている。

11)　簑島一美（1998）岐阜県小学校の「御真影」普及過程について―明治20年代の奉戴を中心にして―、『岐阜県歴史資料館報』21号、pp.36-53。

12)　愛知県名古屋地方気象台（1971）『愛知県災害誌』。

13)　宇都栄子（1996）濃尾地震と児童救済活動、『専修社会学』第8号、pp.18-24。

14)　宇佐美龍夫・石井寿・今村隆正・武村雅之・松浦律子（2013）『日本被害地震総覧599-2012』東京大学出版会。

15)　『愛知教育会雑誌』第55号、1891（明治24）年11月。

16)　『新愛知』1891（明治24）年11月11日。

17)　『愛知県公報』号外、1891（明治24）年11月11日。

18　中央防災会議災害教訓の継承に関する専門調査会（2006）『1891濃尾地震災害教訓の継承に関する専門調査会報告書』、p.112。

19)　愛知県名古屋地方気象台（1971）『愛知県災害誌』、pp.479-480。

20)　春日井郡に関する学務課史料は三冊の合冊となっている。本項の分析にあたり、各学校の記述について以下三冊から引用を行った。愛知県公文書館でデータ化され保存されている。愛知県西春日井郡役所第三課『震災一件綴明治廿四年十月廿八日以後全三冊之内一』、愛知県西春日井郡役所第三課『震災一件綴明治廿四年十月廿八日以後全三冊之内二』、愛知県西春日井郡役所第三課『震災一件綴　明治廿四年十月廿八日以後全三冊之内三』。また、西春日井郡は愛知県北部、岐阜県との県境に近い場所に位置する地域である。

21)　愛知県西春日井郡西枇杷島町（1964）『西枇杷島町史』、p.168。

22)　愛知県西春日井郡西枇杷島町（1964）同上）、p.170。

23)　愛知県西春日井郡西枇杷島町（1964）同上）、p.170。

24)　愛知県警察部（1931）『明治二十四年濃尾大震災写真帖』、p.35。

25)　愛知県警察部（1931）同上）、p.36。

26)　能田昂・髙橋智（2018）前掲8)、p.35。引用元史料は各務尋常小学校『岐阜縣美濃國各務郡各務尋常小學校震災誌』。

27)　岐阜新聞社（1998）『岐阜県災害史：特集と年表でつづるひだみのの災害』岐阜新聞社出版局。

28)　各務原市歴史民俗資料館編（1994）富樫庶流旗本坪内家一系統図並由緒（二）、『各務原市資料調査報告書』第17号。

29)　中部建設協会編（2011）『今もいきる、濃尾地震マグニチュード8.0、日本史上最大の直下地震』中部建設協会、p.24。

30)　愛知県郷土資料刊行会（1973）『愛知県丹羽郡誌復刻愛知県郷土資料叢書第17集』、p.41。

31）分析にあたり各学校の記述についてはすべて丹羽郡役所第三課『明治二十四年震災ニ関スル学事書類』から引用を行った。本史料も愛知県公文書館でデータ化され保存されている。

32）愛知県郷土資料刊行会（1973）前掲30）、p.44。

33）愛知県郷土資料刊行会（1973）前掲30）、p.44。

34）愛知県郷土資料刊行会（1973）前掲30）、p.42とp.43の間に綴じ込み。

35）橋本富太郎・川口素生・西沢教夫（2012）『カメラが撮らえた明治・大正・昭和皇族と華族』新人物往来社、pp.102-103。

36）名古屋教育史編集委員会（2013）『名古屋教育史Ⅰ近代教育の成立と展開』名古屋市教育委員会、pp.264-265。

37）家永三郎（1999）『歴史の中の憲法上』東京大学出版会、p.160。

38）小野雅章（2014）『御真影と学校—「奉護」の変容—』東京大学出版会、p.27。

SNE ジャーナル，26(1)，2020，103 − 116

資　料

発達障害を有する子ども・若者の SNS 使用の現状と課題
—当事者調査から—

柴田 真緒

（埼玉県立所沢特別支援学校）

平井 優美

（武蔵野市役所）

髙橋 智

（日本大学文理学部）

　本稿では、発達障害当事者のSNS使用の実態について、発達障害を有する子ども・若者への調査を通して検討した。発達障害の診断・判定を有する当事者140名から回答を得た（小学生27名、中学生17名、高校生30名、大学生以上66名）。調査期間は2019年11月〜2020年1月。

　今日の子ども・若者においてはSNS使用が日常的であり、その過剰使用が問題になっているために、多くの項目において定型発達群と発達障害当事者との間で大きな差は見られなかった。その一方で、発達障害当事者が日常生活において十分な理解・支援が得られないために経験する辛い気持ちを少しでも軽減するためのSNS使用、自己肯定感・他者の承認の獲得や孤独・孤立への対処方法としてのSNS使用等が、当事者のSNSの過剰使用を引き起こしていることが推測された。また発達障害当事者が多くの「不安・緊張・恐怖・抑うつ・ストレス」等を抱えながらも、SNSを使用しながら何とか生活している様子もうかがえた。

キーワード

発達障害　Developmental Disabilities

SNS 使用　Use of Social Media

当事者調査　Survey of Person Concerned

Ⅰ．はじめに

　近年、子ども・若者によるインターネットの過剰使用やインターネット利用の低年齢化が問題となっている。厚生労働省（2017）によるとSNSやオンラインゲームなどに没頭する「インターネット依存」の疑いがある中高校生が全国で推計約93万人に上ることが示されており、2012年度に行われた調査と比較すると倍近くに増えていることを報告している。

　こうした状況に対して、内閣府は2009年に「青少年が安全に安心してインターネットを利用できる環境の整備等に関する法律」を制定し、この法律の施行状況のフォローアップのための基礎データを得るために、2009年度から青少年のインターネット利用環境実態調査を実施している。調査結果によると青少年のインターネット利用状況は年々増加している。2014年度において小学生53.0%、中学生79.4%、高校生95.8%であったインターネット利用率は、2018年度において小学生85.6%、中学生95.1%、高校生99.0%であり、特に小中学生の増加が顕著である（内閣府：2015・2019）。

　こうしたインターネット利用の背景には心理社会的要因、精神疾患、社会・人口統計学的要因、インターネット使用に関する要因等が挙げられており（Kussほか：2014）、インターネットの過剰使用・依存は、感情コントロールの困難、思考能力の低下、体力低下、頭痛、栄養障害、寝不足によるだるさ等の体の不調を引き起こしていることが指摘されている（樋口：2017）。

　また、発達障害を有する子ども・若者はインターネット・SNSに依存しやすいことも指摘されている。例えば樋口（2017）は、ASDでは現実生活で友人関係をうまく築けないという悩みがネット依存へと進むきっかけになること、ADHDでは好きなことに集中し、強いこだわりをもつという特性から、オンラインゲームであれば延々と続くプレイにも集中でき、次第にネット依存に陥ってしまうことを示している。こうした発達障害を有する子ども・若者はインターネット・SNSに依存しやすいという指摘に対して、発達障害当事者のヒロ（2015）は「ゲームをやりたくてやっているわけではない、ゲームやインターネットが唯一の避難できる場所や空間なのだ」と批判している。

　発達障害当事者の視点に着目したインターネット・SNS使用に関する研究はほぼ皆無である。それゆえに本稿では、とくに発達障害当事者のSNS等の使用の実態について、発達障害を有する子ども・若者への調査を通して明らかにしていく。

Ⅱ.方　　法

　調査対象は発達障害（ASD、LD、ADHD等）の診断・判定を有するあるいはその疑いのある小中高生・大学生および20代の若者であり、自身のSNS等の使用状況を振り返って調査回答することが可能な方（以下、「発達障害当事者」）である。また、A国立教育系大学の特別支援教育受講学生（以下、「受講学生」）にも同様の質問紙調査を行い、結果を比較検討した。

　調査内容は、回答者の基本情報（SNS使用時間、睡眠時間、放課後の過ごし方、身体・生活状況等）、SNS等で使用しているサービス10項目、SNSの使用状況（依存スコア測定）15項目、SNS使用の理由・背景に関する内容79項目（全104項目）およびSNS使用の理由・背景の自由記述である。回答者の基本情報・自由記述以外の項目はすべて4件法で回答を求めた。

　なお、総務省はSNSについて「ソーシャルネットワーキングサービス（Social Networking Service）の略で、登録された利用者同士が交流できるWebサイトの会員制サービス」と定義しているが、本研究においても総務省の定義に基づいて調査を行った。

　「SNS等で使用しているサービス」に関する調査内容は、伊藤（2018）で使用されている項目を基に作成し、「SNSの使用状況（依存スコア測定）」は伊藤（2018）の修正版K-スケールをもとに現代のSNS（インターネット、コミュニケーションアプリ、ゲーム等）に適応するSNS依存傾向尺度として作成した。「SNS使用の理由・背景」に関する調査内容は、当事者の手記・ブログ・Webサイト等からSNS使用に関する記述を探し、その記述をもとに作成した。

　質問紙法と構造化面接法により調査を行った。発達障害を有する子どもの親の会や当事者団体にご協力いただき、調査を実施した。事前に調査内容の妥当性・倫理性についての検討をいただき、参加者・保護者から書面による同意を

得た。調査結果については「身体・生活状況」と「SNS使用の理由・背景」との相関を検討するために相関分析を行った。

　調査期間は2019年11月〜2020年1月、発達障害当事者140名から回答を得た（小学生27名、中学生17名、高校生30名、大学生以上66名）。年齢は7〜29歳、平均年齢及び標準偏差：17.0±4.7歳、障害の内訳（重複の場合を含み複数回答あり）はLD10名、ADHD46名、ASD93名、軽度知的障害42名、その他4名であった。統制群として受講学生81名（平均年齢21.3±2.1歳）から回答を得た。

Ⅲ．結　　果

　SNS等のサービスの使用状況について、4件法（よく使う、ときどき使う、あまり使わない、使わない）のうち「よく使う」「ときどき使う」と回答したチェック率を対象群別に表1に示した。なお、ゲームや動画サイト、イラスト・小説、掲示板、まとめサイトは総務省のSNSの定義には含まれていないものの、その他の項目との比較のために項目を設定した。

　「LINE」「Twitter」「Instagram」において発達障害当事者よりも受講学生の使用割合が高い結果となった。一方、「動画サイト」は発達障害当事者、受講学生ともに使用割合が80％以上と非常に高い結果となり、「据え置き型ゲーム」は小学生の発達障害当事者、「イラスト・小説投稿サイト」「オンラインゲーム」「まとめサイト」は中学生の発達障害当事者、「掲示板」は大学生以上の発達障

表1　「SNS 等のサービス使用状況」におけるチェック率比較　(%)

| | 発達障害当事者 | | | | |
	小学生	中学生	高校生	大学生以上	受講学生
LINE（1対1）	7.4	41.2	73.3	63.6	93.8
LINE（グループ）	7.4	41.2	50.0	43.9	84.0
オンラインゲーム	40.7	70.6	46.7	28.8	28.4
据え置き型ゲーム	81.5	47.1	43.3	42.4	18.5
動画サイト	85.2	88.2	100.0	89.4	86.4
Twitter	0.0	17.6	30.0	34.8	74.1
イラスト・小説	0.0	11.8	23.3	19.7	19.8
掲示板	0.0	0.0	13.3	15.2	3.7
まとめサイト	25.9	52.9	26.7	27.3	30.9
Instagram	0.0	0.0	10.0	21.2	74.1

害当事者の使用割合が高い結果となった。

　発達障害当事者のSNSの平均使用時間は、平日は2時間17分、休日は3時間22分であった。**表2**は、各対象群におけるSNS使用時間別（平均未満と平均以上）の平均睡眠時間を平日と休日に分けて示したものである。高校生の発達障害当事者と、大学生以上の発達障害当事者の休日を除いて、SNS使用時間が長いほど睡眠時間が短いことが示された。

表2　SNS使用時間別の平均睡眠時間の比較

	SNS 使用時間			
	平日		休日	
	平均未満	平均以上	平均未満	平均以上
発達障害当事者 （小学生）	9 時間 13 分 (n=23 名)	8 時間 45 分 (n=4 名)	9 時間 45 分 (n=20 名)	8 時間 49 分 (n=7 名)
発達障害当事者 （中学生）	7 時間 52 分 (n=11 名)	7 時間 6 分 (n=5 名)	9 時間 19 分 (n=8 名)	8 時間 21 分 (n=7 名)
発達障害当事者 （高校生）	8 時間 32 分 (n=17 名)	9 時間 42 分 (n=13 名)	9 時間 21 分 (n=17 名)	9 時間 32 分 (n=13 名)
発達障害当事者 （大学生以上）	7 時間 49 分 (n=36 名)	7 時間 48 分 (n=27 名)	8 時間 54 分 (n=36 名)	9 時間 33 分 (n=27 名)
受講学生	7 時間 24 分 (n=30 名)	7 時間 16 分 (n=51 名)	8 時間 23 分 (n=38 名)	8 時間 14 分 (n=43 名)

※平日の平均SNS使用時間は2時間17分、休日の平均SNS使用時間は3時間22分であった。

　伊藤（2018）をもとに調査を行ったSNS依存度スコアと放課後の過ごし方との関係について、「SNS依存度スコアが高いほど『家でひとりで遊ぶ』割合が高いのではないか」という仮説のもと、発達障害当事者と受講学生の比較結果を**表3**に示した。SNS依存度スコアは、各質問項目について回答された1〜

表3　SNS依存度スコアごとの「放課後の過ごし方」のチェック率比較

	発達障害当事者 （小学生）		発達障害当事者 （中学生）		発達障害当事者 （高校生）		発達障害当事者 （大学生以上）		受講学生	
	低依存	高依存	低依存	高依存	低依存	高依存	低依存	高依存	低依存	高依存
人数	14	13	5	12	14	16	28	38	36	45
家でひとりで遊ぶ	50.0%	76.9%	60.0%	75.0%	92.9%	92.9%	45.8%	50.0%	38.9%	51.1%
家で友達と遊ぶ	35.7%	30.8%	20.0%	0.0%	0.0%	0.0%	0.0%	2.4%	2.8%	8.9%
外でひとりで遊ぶ	7.1%	0.0%	0.0%	0.0%	21.4%	21.4%	12.5%	9.5%	5.6%	11.1%
外で友達と遊ぶ	50.0%	46.2%	20.0%	0.0%	7.1%	7.1%	4.2%	7.1%	27.8%	26.7%
習い事	57.1%	69.2%	40.0%	16.7%	28.6%	28.6%	8.3%	7.1%	2.8%	0.0%
勉強	50.0%	53.8%	80.0%	25.0%	35.7%	35.7%	12.5%	14.3%	38.9%	40.0%
家の手伝い	14.3%	38.5%	20.0%	16.7%	35.7%	35.7%	16.7%	23.8%	8.3%	8.9%
その他	28.6%	23.1%	60.0%	25.0%	28.6%	28.6%	20.8%	19.0%	33.3%	44.4%

※高依存＝SNS依存度スコア33点以上、低依存＝SNS依存度スコア33点未満とする。

4の数字を足したものであり、スコアが高いほどSNSへの依存度は高いと考え
られる。

　SNS依存度スコアに関わらず、中学生以上の発達障害当事者は「家でひとり
で遊ぶ」割合が高く、「外で友達と遊ぶ」割合が比較的低いことが示され、発
達障害の有無にかかわらず高依存群では「家でひとりで遊ぶ」割合が高いこと
が示された。特に中学生の発達障害当事者の高依存群では「勉強」「習い事」「外
で友達と遊ぶ」のチェック率が低い一方で、「家でひとりで遊ぶ」割合が顕著
に高いことが示された。

　受講学生の高依存群では「外で友達と遊ぶ」割合も高いが、中学生以上の発
達障害当事者にはそのような傾向は見られず「家でひとりで遊ぶ」傾向が強い
ことが示された。

　表4は、生活習慣や身体状況に関する困難について、2件法（ある、ない）
のうち「ある」と回答したチェック率を SNS 依存度別に示したものである。
受講学生では高依存群において困難を示す者が多いこと、発達障害当事者は全
体的に受講学生より困難を示す者が多いこと、発達障害当事者中学生の高依存
群において特に困難を示す者が多いことが示された。

表4　SNS依存度スコアごとの身体・生活状況のチェック率比較

	発達障害当事者 （小学生）		発達障害当事者 （中学生）		発達障害当事者 （高校生）		発達障害当事者 （大学生以上）		受講学生	
	低依存	高依存	低依存	高依存	低依存	高依存	低依存	高依存	低依存	高依存
人数	14	13	5	12	14	16	28	38	36	45
身体・生活状況の チェック率	22.9%	19.1%	19.7%	25.1%	19.2%	19.0%	19.1%	18.9%	9.7%	16.8%

※高依存＝SNS 依存度スコア 33 点以上、低依存＝SNS 依存度スコア 33 点未満とする。

　発達障害当事者のSNS使用の理由・背景について、「①発信、②つながり、
③気分転換・現実逃避、④不安・ストレス・過敏などの対処」のカテゴリー別
に発達障害当事者と受講学生との比較を行った。4件法（とても当てはまる、
当てはまる、あまり当てはまらない、当てはまらない）のうち「とても当ては
まる」「当てはまる」と回答したチェック率を比較した結果は、以下のとおり
である。いずれの項目においても発達障害当事者は受講学生に比べチェック率
が同じ、もしくは低いことが示された。

①　発信：発達障害当事者（小学生）3.4％、発達障害当事者（中学生）9.7％、発達障害当事者（高校生）13.8％、発達障害当事者（大学生以上）12.9％、受講学生20.0％。

②　つながり：発達障害当事者（小学生）5.6％、発達障害当事者（中学生）11.3％、発達障害当事者（高校生）10.2％、発達障害当事者（大学生以上）9.7％、受講学生14.9％。

③　気分転換・現実逃避：発達障害当事者（小学生）10.7％、発達障害当事者（中学生）19.7％、発達障害当事者（高校生）15.6％、発達障害当事者（大学生以上）16.4％、受講学生23.3％。

④　不安・ストレス・過敏などの対処：発達障害当事者（小学生）5.8％、発達障害当事者（中学生）13.6％、発達障害当事者（高校生）10.1％、発達障害当事者（大学生以上）13.2％、受講学生13.6％。

　また、カテゴリーごとに男女の性差にてチェック率を比較した結果を図1に示した。すべてのカテゴリーにおいて、発達障害当事者の男性のチェック率は発達障害当事者の女性や受講学生よりも低い結果となった。「発信」では受講学生の女性、次いで発達障害当事者の女性のチェック率が高いことが示され、また、「不安・ストレス・過敏などの対処」では発達障害当事者の女性のチェック率が顕著に高いことが示された。

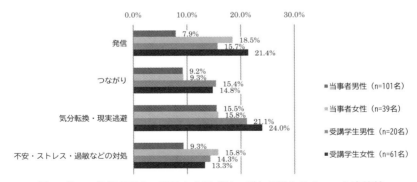

図1　「SNS使用の理由・背景」カテゴリーごとの男女のチェック率比較

　「SNS使用の理由・背景」について、以下、各カテゴリーごとに上位であった項目について示す。「発信」に関する全14項目において、発達障害当事者よりも受講学生のチェック率が高いことが示された。一方「34. 誰かにうけとめてほしくて、日常のもやもやをSNSで発散する」（発達障害当事者10.0%、受講学生11.1%）では、発達障害当事者と受講学生が近い割合であることが示された。

　「つながり」に関する全14項目の中で「44. SNSで知り合ったわずかな人との交流で生かされている感じがする」（発達障害当事者7.9%、受講学生7.4%）では、受講学生よりも発達障害当事者のチェック率が高いことが示された。

　「気分転換・現実逃避」に関する全28項目のうちの7項目において受講学生よりも発達障害当事者のチェック率が高いことが示された。その中でも「79. 人生が暇すぎるので、せめて楽しみでもなければと思い、SNSを使用する」（発達障害当事者19.3%、受講学生8.6%）、「81. 目標や夢がないため、SNSにはまってしまう」（発達障害当事者14.3%、受講学生4.9%）、「66. 不安と絶望の中で社会が怖くて、社会と距離を置くためにSNSを使用している」（発達障害当事者8.6%、受講学生6.2%）、「71. 学校で上手くいかず、家に帰ってもガミガミ言われるので、なんとか気持ちを落ち着けようとSNSを使用する」（発達障害当事者12.1%、受講学生4.9%）、「72. 家にも学校にも心が落ち着ける場所がないので、SNSが逃げ場所である」（発達障害当事者8.6%、受講学生3.7%）では、特に発達障害当事者と受講学生のチェック率の差が大きいことが示された。

　「不安・ストレス・過敏などの対処」に関する全23項目のうち8項目において受講学生よりも発達障害当事者のチェック率が高いことが示された。その中でも「85. ストレス発散のためにSNSを使用する」（発達障害当事者33.6%、受講学生25.9%）、「103. 聴覚の過敏があるので、SNSを使用して気を紛らわせている」（発達障害当事者6.4%、受講学生2.5%）、「97. 寝る時、夜の音がない空間にじっとしていることが苦手なため、SNSを使用しつづける」（発達障害当事者7.9%、受講学生6.2%）では、特に発達障害当事者と受講学生のチェック率の差が大きいことが示された。

　発達障害当事者と受講学生とで、「SNS使用の理由・背景」と相関のある「身

表5　「身体・生活状況」と「SNS使用の理由・背景」の相関分析結果（一部抜粋）

設問1	設問2	相関係数	P値
25.冷え性・さむがり。	96.待っている間が落ち着かないため、SNSを使用することで自分を落ち着けている。	0.40	P＜0.01
28.身体が痛い。	68.家に帰りその日の嫌な事を考えないようにするために、SNSの世界に入っている。	0.35	P＜0.01
9.腹痛・下痢・過敏性腸症候群になりやすい。	90.今のつらい状況を一時でも忘れたいという思いでSNSを使用する。	0.34	P＜0.01
25.冷え性・さむがり。	91.不安やストレスから意識を逃すため、SNSを使用する。	0.33	P＜0.01
26.肩こり・首痛・腰痛。	85.ストレス発散のためにSNSを使用する。	0.33	P＜0.01

体・生活状況」は異なるのではないかという仮説のもと、発達障害当事者における「身体・生活状況」上位20項目と「SNS使用の理由・背景」との間でケンドールの順位相関係数を求めた結果、複数の項目において相関が見られた（**表5**、相関係数が0.3以上の項目を相関が見られた項目とした）。「冷え性・さむがり」「肩こり・首痛・腰痛といった身体の痛み」「腹痛・下痢・過敏性腸症候群」といった身体症状と「その日の嫌な事を考えないようにするため」「不安やストレスから意識を逃すため」といったSNS使用の理由・背景との間に相関が見られた。

　一方、受講学生における「身体・生活状況」上位20項目と「SNS使用の理由・背景」との間でケンドールの順位相関係数を求めた結果、「4.身体発育が遅い」「10.便秘がち」といった身体状況と「不安やストレスから意識を逃すため」「現実逃避」といったSNS使用の理由・背景との間に相関が見られた。

Ⅳ．考　　察

　SNS等の使用実態は年齢段階によって大きく異なることが推測されるが、本調査では発達障害当事者（小学生〜20代の若者）と受講学生（大学生）の年齢層に偏りがある。このことを踏まえながら、以下では本研究の結果が示すSNS等の使用の実態について考察する。

　SNSの使用状況の調査結果について検討してきたが、LINE、オンラインゲーム、イラスト・小説投稿サイト、まとめサイト、Twitter、Instagramにおいて、

発達障害当事者よりも受講学生の使用割合が高い結果となった。

LINEでは「既読スルーがとても気になる」という発達障害当事者も多く、なかには「既読スルーされたショックでパニックになってしまい、とっさに友人をブロックしてしまった」などという声も示された。

オンラインゲームは受講学生よりも発達障害当事者の使用割合が高かった一方、「インターネットのむこう側に相手がいるゲームは、途中で抜けられないので好きではなく、やりません」という声もいくつか挙げられ、自分のペースでできる、インターネットを介さないゲームの方が好ましいと考える発達障害当事者も一定数いると想定される。

Instagramは、受講学生と比較して発達障害当事者の使用割合が顕著に低かった。このことについて発達障害当事者から「Instagramはノリがよく社交的な人がやっているイメージがある」という声が挙げられ、その印象が前提としてあることでInstagram使用の敷居が高くなっていると考えられる。

動画サイトは、すべての年齢段階の発達障害当事者と受講学生ともに高い割合で使用していた。「Youtubeの視聴に10時間かけていた」（Mutr：2019）といったきわめて長時間の動画サイト使用、「動画に集中しすぎて、話しかけられていることに気がつかない」（ぜろねっこ：2019）などのような発達障害特有の過集中が動画サイト使用時にも発現する事例も散見された。動画サイトについては伊藤（2018）も「LINEやゲームアプリ以上に、利用に際して注意が必要」と指摘しており、発達障害の有無を問わず、使用に際しては依存に繋がらないように注意する必要がある。

館農（2018）は発達障害においてネット依存が発生しやすいことの背景について、ASDではこだわりの症状や現実社会での対人関係がうまくいかずネットの世界に居場所を見つける状況があること、ADHDではやるべきことを先延ばしにして目先の快楽に誘惑されてしまう報酬系の障害、やるべきことの優先順位の判断が難しい実行機能の障害を指摘している。

SNSの使用時間と睡眠との関係では、小学生から20代の若者までの発達障害当事者および受講学生において、SNSの使用時間が長いほど睡眠時間が短い傾向が見られた。柴田・髙橋（2020）は発達障害当事者への睡眠困難調査の結果から、日々の生活における「不安・緊張・恐怖・抑うつ・ストレス」等が強

いために、平日であっても就寝前にインターネット・ゲーム・動画等によるストレス発散に過集中してしまい、そのことが夜更かし・生活リズムの乱れに繋がっていることを明らかにしており、SNSの過剰な使用による睡眠リズムの乱れの背景について、子ども・若者本人の意思の弱さや甘えに限定して捉えるべきでないと考えられる。

　「SNS使用の理由・背景」について、カテゴリーごとに男女の性差にてチェック率を比較した結果、「発信」では発達障害の有無にかかわらず女性のチェック率が高く、「不安・ストレス・過敏などの対処」では発達障害当事者の女性のチェック率が顕著に高いことが明らかとなった。先行研究においても男性より女性のインターネット依存傾向が強いことが複数指摘されているが、対人関係における他者意識・自己意識は女性において顕著に高いとされ、高校生を対象とした調査では女性の「メール不安」と学校生活スキルに関連があることが指摘されている（堀井・小川：1996、稲垣ほか：2017）。

　「発信」に関する項目では「34．誰かにうけとめてほしくて、日常のもやもやをSNSで発散する」において受講学生と発達障害当事者のチェック率が近い傾向を示すことが示された。発達障害当事者は特有の感覚過敏や身体症状等の困難を有しており、そうした当事者の身体感覚の困難やそれに起因する「不安・緊張・恐怖・抑うつ・ストレス」等については周囲の理解・支援が難しいことが示されている（高橋ほか：2011）。日常生活においてなかなか理解・支援が得られない辛い気持ちを少しでも軽減するために、SNSを使用している可能性が推測される。

　「つながり」に関する項目では「44．SNSで知り合ったわずかな人との交流で生かされている感じがする」という理由・背景が高いチェック率であった。発達障害当事者の風鈴（2016）が「ツイッターも『いいね』やら『リツイート』という感じの『繋がり』感……自己肯定感を得たくて、そこに嵌ってしまう」「SNSが孤独を癒す手段になって、孤独の強い人が意図的に炎上するようなアピールをして、自分を見て貰おうと必死になる……気持ちが分かる気がすることがある」と述べており、自己肯定感・他者の承認の獲得や孤独・孤立への対処方法としてのSNS使用もうかがわせる。

　「気分転換・現実逃避」に関する項目では、「目標や夢がない」「不安と絶望

の中で社会が怖い」「学校で上手くいかず、家に帰ってもガミガミ言われるの
で、なんとか気持ちを落ち着けようとSNSを使用する」という理由・背景が
上位に挙がった。豊浦・中井（2015）は、オンラインゲームやSNSにおいて
は安全欲求、所属・承認欲求、自己実現欲求などを含めた様々な人間の欲求が
容易に満たされるため、現実世界においてこれらの欲求が満たされるような居
場所が確保されていない場合にICT依存に陥りやすいことを指摘している。

　SNS依存度スコアと「放課後の過ごし方」を比較した分析結果においても、
中学生以上の発達障害当事者は「家でひとりで遊ぶ」割合が高く、「外で友達
と遊ぶ」割合が比較的低いことが示されており、社会の中で居場所を見つけに
くい状況に対して、何とかSNSにおいて居場所を見出そうとする様子が推測
される。

　「不安・ストレス・過敏などの対処」に関する項目では、「ストレス発散のた
めにSNSを使用する」「聴覚の過敏があるので、SNSを使用して気を紛らわせ
ている」という理由・背景が上位であり、不安・緊張・抑うつ・ストレス等が
一杯の日常生活の中で、SNSを使用しながら何とか生活している様子が推測さ
れる。

　発達障害当事者の抱える「身体・生活状況」と「SNS使用の理由・背景」に
ついてクロス集計・相関分析を行った結果では、「冷え性・さむがり」「肩こり・
首痛・腰痛といった身体の痛み」「腹痛・下痢・過敏性腸症候群」等の身体症
状と「その日の嫌な事を考えないようにする」「不安やストレスから意識を逃
す」等のSNS使用の理由・背景との間に相関が見られた。

　発達障害当事者は「身体・生活状況」のチェック率の高さにも示されるよう
な感覚過敏・身体症状等の特性に加え、多様な不適応状況（対人関係困難、コ
ミュニケーション困難、学習困難、無理解、叱責、いじめ・被虐待、不登校
等）によって不安・緊張・抑うつ・ストレス等を蓄積しやすい状況にあり、そ
れらが身体の痛みや自律神経系の失調、体調不良を引き起こしている可能性も
想定される。

Ⅴ．おわりに

　本稿では、発達障害当事者のSNS使用の実態について、発達障害を有する子ども・若者への調査を通して検討してきた。

　今日の子ども・若者においてはSNS使用が日常的であり、その過剰使用が問題になっているために、受講学生と発達障害当事者との間では多くの項目に大きな差は見られなかった。

　その一方で、発達障害当事者が日常生活において理解・支援が得られないために経験する辛い気持ちの軽減、孤独・孤立への対処法、居場所の確保としてのSNS使用などが、当事者のSNSの過剰使用を引き起こしていることが推測された。また一方で、発達障害当事者が多くの不安・緊張・抑うつ・ストレス等を抱えながらも、SNS使用で何とか生活している様子もうかがえた。

　それゆえに発達障害当事者のSNS使用に関する支援は、当事者のSNS使用を全面否定するのではなく、SNS使用の理由・背景について丁寧な聞き取りを行いながら、当事者が抱える不安・緊張・抑うつ・ストレス等の困難状況を軽減していくことが有効であると考えられるが、その具体的検討は次の課題としたい。

付記
　本調査に協力をいただいた発達障害当事者、A国立教育系大学の学生の皆様に記して感謝申し上げる。

文献
風鈴（2016）雑感（http://little-bear-commu-disorder.hatenadiary.jp/entry/2016/03/31/192133）。

樋口進（2017）『心と体を蝕む「ネット依存」から子どもたちをどう守るのか』ミネルヴァ書房。

ヒロ（2015）発達障害者支援　本当はサポートセンター名古屋なんかいらないんだ（http://smilehousejapan.hatenablog.com/entry/2015/09/23/121229）。

堀井俊章・小川捷之（1996）対人恐怖心性尺度の作成、『上智大学心理学年報』20、pp.55-65。

稲垣俊介・和田裕一・堀田龍也（2017）高校生におけるインターネット依存傾向と学

校生活スキルの関連生とその性差、『日本教育工学会論文誌』41、pp.13-16。

伊藤賢一（2018）小中学生のネット依存と生活満足度―群馬県前橋市調査より―、『群馬大学社会情報学部研究論集』25、pp.21-37。

厚生労働省（2017）飲酒や喫煙等の実態調査と生活習慣病予防のための減酒の効果的な介入方法の開発に関する研究（https://mhlw-grants.niph.go.jp/niph/search/NIDD00.do?resrchNum=201709021A）。

Kuss, J・Griffiths, D・Karila, L・Billieux, J（2014）Internet Addiction: A Systematic Review of Epidemiological Research for the Last Decade, *Current Pharmaceutical Design*, 20(25), pp. 4026-4052.

mutr（2019）実家暮らしニートブロガー（30）の一日ルーティーン（https://www.zakki2019.com/entry/2019/03/20/163110）。

内閣府（2015）平成 26 年度青少年のインターネット利用環境実態調査（https://www8.cao.go.jp/youth/youth-harm/chousa/h26/net-jittai/pdf-index.html）。

内閣府（2019）平成 30 年度青少年のインターネット利用環境実態調査（https://www8.cao.go.jp/youth/youth-harm/chousa/h30/net-jittai/pdf-index.html）。

柴田真緒・髙橋智（2020）『発達障害当事者の睡眠困難と発達支援の研究』風間書房。

髙橋智・石川衣紀・田部絢子（2011）本人調査からみた発達障害者の「身体症状（身体の不調・不具合）」の検討、『東京学芸大学紀要総合教育科学系Ⅰ』62、pp.73-107。

館農勝（2018）ADHD に絡んで起きがちな生活上の問題・トラブルと対処法―素行の問題、留年や中退、ネット依存―、『臨床精神医学』47(5)、pp.557-562。

豊浦麻記子・中井昭夫（2015）小児睡眠障害と ICT（情報通信技術）依存、『いま、小児科医に必要な実践臨床小児睡眠医学』診断と治療社、pp.69-76。

ぜろねっこ（2019）改めて ADHD とは何？症状別に特徴やどんな事が起きるのか解説します！（https://nyanya280.com/adhd/）。

SNE ジャーナル，26(1)，2020，117－128

資　料

高等学校に在籍する肢体不自由生徒に対する
学習支援の実態と課題の検討
―授業担当者への質問紙調査を通して―

髙野　陽介　　　　五島　脩

（横浜国立大学教育学部）　　（東京家政大学）

　本研究では、実際に肢体不自由生徒の授業を担当した高校教員に対して質問紙調査を行い、肢体不自由生徒の学習上の困難への対応と課題を明らかにすることを目的とした。

　その結果、実技を伴う家庭や保健体育などの教員は、教材・教具やルールを工夫して、本人が可能な範囲でできることを取り組ませることで授業としていた。そのような状況の中で、成績評価ではレポート提出もしくは本人の能力に準じた取組により評価しており、同一科目であっても教員によって評価基準に対応のばらつきがみられた。さらに、成績評価の公平性に疑問をもつ教員もみられた。今後は、肢体不自由生徒が幅広く取り組むことが可能な教育課程の編成を検討するとともに、他生徒との評価に過度な不公平が生じないよう考慮し、「個々にできることを評価する」基準作成とその対応への理解が求められる。学習面で対応することができなかった問題や困難な点についての意見はそれほど多く挙げられなかった。その理由して、一点目に、約8割の教員がそれぞれのケースに携わる以前に勤務校で肢体不自由生徒とかかわった経験があったため、それにより柔軟に対応できたことが推測される。二点目に、支援員の対応・支援に対して8割以上の教員が満足感を感じており、必要不可欠な存在として捉えていた。肢体不自由生徒を支援員が専属でサポートすることで、教

キーワード

肢体不自由　Physical disability

高等学校　High school

質問紙調査　Questionnaire

員はいつも通りの授業に従事することができたため学習面において困難を感じることが少なかったことも予想される。一方で、支援員に対しては、肢体不自由生徒の将来的な自立を考慮して、本人が可能なことはできるかぎり自分でやらせるべきという、支援員のかかわり方や学校の支援体制の方向性に課題を挙げる教員もみられた。

Ⅰ．はじめに

　肢体不自由とは、「身体の動きに関する器官が、病気やけがで損なわれ、歩行や筆記等の日常生活動作が困難な状態」と定義されている（文部科学省2013）。インクルーシブ教育の推進により、義務教育を終えた肢体不自由生徒が一般の高等学校に進学するケースは増えてきている。文部科学省（2015）による平成25年度公立高等学校入学選抜における「障害のある生徒」に対する配慮の件数の報告をみても、肢体不自由のある受験生に対する配慮件数も年々増加している（平成24年度と比較し91件増）。これまでの先行研究では、高等学校への入学を希望する肢体不自由生徒が、学校施設のバリアフリー化が進んでいないことや教員の障害理解不足等を理由に進学を諦めているケースがあることは報告されている一方で（白石2003）、実際に高等学校に在籍する肢体不自由生徒の教育支援体制、対応にあたっての学校関係者の困難性やニーズ等について、その実態が十分に把握されていない状況にある。特に、教科指導については、肢体不自由児者の認知特性と学習の困難に対する気づきと理解を促進する支援を行う必要性が求められているが（安藤ら2007）、高校に在籍する肢体不自由生徒の学習上の困難さに焦点を当てた研究は少ない。その理由として、松浦ら（2008）は、高等学校に在籍する肢体不自由生徒は小中学校から身に付けた経験で学習面の困難さに対応している傾向があるため、実際に支援を求めることが少ないことを指摘している。しかしながら、実際に授業参観などを行うと支援する側もされる側も双方に効率的ではない方法で授業が実践されているケースが多いことも報告している。髙野・泉（2016）では、高校教員の肢体不自由に関する専門性の不足やかかわり経験の少なさから、学習面に関する課題に対してその場その場で弾力的に対応せざる得ない状況にあることを報告しており、授業担当者が具体的に肢体不自由生徒の学習支援をどのように

行っているのか、複数の事例から実態把握する必要があることを指摘している。

　そこで本研究では、実際に肢体不自由生徒の授業を担当した高校教員に対して質問紙調査を行い、肢体不自由生徒の学習上の困難への対応と課題を明らかにすることを目的とした。

Ⅱ．方　　法

　対象は、2015年にＺ県の高等学校に在籍した肢体不自由生徒全5名の授業を担当した教職員（高校1年〜3年まで）を対象とした。なお、授業科目は、高校において必履修教科・科目となっている国語、地理歴史、公民、数学、理科、保健体育、芸術、外国語、家庭、情報である。授業を担当していた肢体不自由生徒は、すべてのケースにおいて特別支援教育支援員が配置されており、公立の高等学校に進学していた。すべての生徒が、電動もしくは手動の車椅子を使用しており、排泄、移動介助のみ必要な生徒が1名、食事、排泄、衣服の着脱、身辺の掃除・整理整頓等の日常生活のすべてにおいて介助が必要な生徒が4名であった。身体障害者手帳の等級は全員が1級であった。障害種は、脳性麻痺1名、脊髄梗塞1名、脊髄性筋萎縮症Ⅱ型2名、頸椎損傷1名であった。調査は、2015年3月から4月にかけて実施し、各学校の管理職宛に、依頼状および調査票を30部ずつ配布し、後日郵送にて回収を行った。調査の依頼時、また調査票に、学校名や個人が特定されないこと、調査への参加は自由意思であり、いつ回答を撤回してもいかなる不利益も生じないこと等の倫理的事項を明記し、配慮を行った上で調査を実施した。調査内容は、①基本情報（教員経験年数、特別支援学校教諭免許状の所有の有無、過去の肢体不自由生徒とのかかわり経験等）、②肢体不自由生徒への学習面おける具体的な対応・支援（教育内容・指導方法における対応・支援、定期試験における対応・支援、成績評価における対応・支援、学習面で対応することができなかった課題）、③特別支援教育支援員への評価とその理由、についてであった。①と③の特別支援教育支援員への評価の項目については選択式、その他の項目は記述形式とした。分析は、選択項目については単純集計、記述項目についてはKJ法に基づく内

容分析を行った。なお、記述回答は、1つの回答に複数の意味内容が含まれて
いる場合にはそれぞれの回答を分けてカウントした。

Ⅲ．結　　果

　質問紙調査票は、150部（各校30部ずつ）を配布し、62部の返送があった。
全体の教員数が把握できなかったため、回収率は算出しなかった。

1. 基本情報

　対象者の教員経験年数は、5年未満が8名（12.9%）、5~10年が5名（8.1%）、
11 〜 20年が2名（3.2 %）、21 〜 30年が20名（32.3 %）、31 〜 40年が27名
（43.5%）であった。調査対象者が担当していた教科科目については、国語8名
（12.9%）、地理歴史7名（11.3%）、公民5名（8.1%）、数学8名（12.9%）、理
科11名（17.7%）、保健体育7名（11.3%）、芸術2名（3.2%）、外国語5名
（8.1%）、家庭5名（8.1%）、情報4名（6.5%）、その他3名（4.8%）であった。
なお、複数の科目を担当していた教員3名については、それぞれの科目で人数
をカウントした。また、その他の3名については、すべて商業の科目を担当し
ていた教職員であった。特別支援学校教諭免許状の所有の有無について尋ねた
ところ、対象者すべてが所有していなかった。対象者が調査実施時の勤務校以
前に肢体不自由生徒とのかかわりがあったかについて尋ねたところ、かかわっ
たことがあると回答したものが47名（75.8 %）で、かかわったことがないと
回答したものが15名（24.2 %）であった。

　特別支援教育、肢体不自由教育についての学習経験については128件の回答
があった。最も多かったのが、特別支援学校への見学・訪問40件（64.5%）、
次いで、発達障害のある生徒の支援・理解についての研修27件（43.5%）、勤
務経験校内での肢体不自由生徒の対応等に関する研修18件（29.0%）、車椅子
体験等の実地研修12件（19.4%）、受けたことがない11件（17.7%）、特別支援
教育に関する大学・大学院での講義7名（11.3%）、県主催の肢体不自由生徒の
対応等に関する研修4名（6.5%）、高校入学経験のある肢体不自由生徒の事例
報告4名（6.5%）、独学で勉強3名（4.8%）、ATやICT活用に関する研修1名

（1.6%）、という順であった。

2. 肢体不自由生徒への学習面おける具体的な対応・支援

（1）教育内容・指導方法における対応・支援

　この項目では、30名（48.3%）の教員から回答が挙げられた。教育内容・指導方法における特別な対応・支援については、移動教室を減らす、学習内容の変更・調整、電子機器の活用、提示方法の工夫、特別な教材の使用、進度の考慮などが挙げられた。学習内容の変更・調整については、主に家庭や保健体育などの実技を伴う教科を担当していた教職員から多く回答があった。その他に、公民では、社会福祉やノーマライゼーションの内容について深く学ぶ機会を設けたり、倫理では、教科の特性上あえて特別な配慮をしないという意見もみられた（**表1**参照）。

表1　教育内容・指導方法における対応・支援

【移動教室を減らす】〔13〕
・移動はなるべく上下階にならないよう学校全体で時間割りを組む（英語）。
・本来4階で実施する顕微鏡実習を、3階の講義室にて実施できるよう、事前に機材を移動して行った（理科）。

【学習内容の変更・調整】〔10〕
・書道作品はPCソフトで作成し、印刷した。実技・体験等はレポートで代替もあった（芸術）。
・車椅子1台を入れてのゲームを実施。相手チームにも1台の車椅子を入れ、乗せる生徒を入れ替えながら実施（保健体育）等。

【電子機器の活用】〔5〕
・授業プリントを電子化して、パソコンを使って学習できるようにした（理科）。
・授業用プリント、教科書、副教材のデジタル化（地理歴史）。

【提示方法の工夫】〔5〕
・実験器具の提示の仕方。実験結果（科学反応など）の提示の仕方（理科）。
・効率よく学習できるように、板書する式の変形は少なめにし、式をよく見て、暗算で処理できる部分を増やすように指導した（数学）等。

【特別な教材の使用】〔4〕
・授業内容を電子化して、USBに保存して、生徒へ渡す。生徒は自宅でPCを使って学習する（理科）。
・他の生徒より入力が遅いため、事前にある程度入力した教材を特別に準備した（情報）等。

【進度の考慮】〔2〕
・作文などが決められた時間内に仕上がらないことがあったが考慮した（国語）。

【その他】〔6〕
・教育内容：社会福祉やノーマライゼーションの授業を掘り下げて実施（公民）。
・倫理という授業の特性上、区別なく対応していた（公民）

〔　〕内は回答数

(2) 定期試験における対応・支援

　この項目では、27名（43.5%）の教員から回答があった。定期試験における特別な対応・支援については、試験時間の延長、代筆による筆記、問題・解答用紙の拡大、記号問題の多用、可能な範囲での実技試験の実施などが挙げられていた。肢体不自由のある生徒の筆記能力を考慮し、記述問題の代わりに記号問題を増やした特別な試験を行ったり、本人の運動能力に応じた実技試験を実施するなどの工夫がみられた（**表2**参照）。

表2　定期試験における対応・支援

【試験時間の延長】〔16〕
・試験時間も数学は 1.5 倍、他の教科は 1.3 倍としました（外国語）。
【問題・解答用紙の拡大】〔6〕
・小さな文字を書くのが苦手だったので、解答用紙は A3 判に拡大しました（数学）。
【代筆による筆記】〔5〕
・支援員による代筆（公民）。
【記号問題の多用】〔2〕
・テスト問題で記号問題を多くする（地理歴史）。
・テストの記述問題を選択に変える等、他の生徒の問題と少し変える等した（外国語）。
【可能な範囲での実技試験の実施】〔2〕
・本人が可能である内容を、実技試験として採用し点数化した（保健体育）。
・本人の実施可能な範囲での技能テストを実施。よってテストは他の生徒との基準は
　異なる（保健体育）。
【その他】〔2〕
・ひらがなでも可（※代筆者の負担を減らすため）（地理歴史）。

〔　〕内は回答数

(3) 成績評価における対応・支援

　この項目では、14名（22.6%）の教員から回答が挙げられた。成績評価における特別な対応・支援については、本人の実施可能な取組による評価、レポートによる評価の2つが述べられていた。家庭や保健体育などでは、本人の実施可能な取り組みを評価する教員がいれば、実技の代わりにレポートを提出させることで評価を行っている教員もおり、同一科目でも担当者により異なる評価方法が採用されていた（**表3**参照）。

表3　成績評価における対応・支援

【本人の実施可能な取組による評価】〔7〕
・時間がかかるものについて、持ち出しを認めた。休み時間などに支援員さんと作業し、完成させた。評価については他の子と差をつけなかった（家庭）。
・毎時間の記録・感想をファイルにし、評価した。ストップウォッチで練習や試合時間を計測し、声で皆に知らせる仕事をしてもらい評価した（保健体育）。
・本人が可能である内容を、実技試験として採用し点数化した（保健体育）。
・毎回授業中に行ったプリントを提出してもらい評価しました（理科）。
【レポートによる評価】〔7〕
・被服分野の作品づくりにおいては本人が出来る所まで（実際は布選択まで）また希望するところまで実施。かわりとしてレポートの提出での評価を行った（家庭）。
・実技の代わりのレポート提出（芸術）（保健体育）。

〔　〕内は回答数

（4）学習面で対応することができなかった課題

　この項目では、18名（29.0％）の教員から回答が挙げられた。学習面で対応することができなかった課題については、評価の公平性、個別に対応できない

表4　学習面で対応することができなかった課題

【評価の公平性】〔8〕
・コンピューターの入力には介助者の能力に依存するところが大きく、評価が公正にできたか疑問が残った（情報）
・体育の授業をレポートでどのような評価をしたらいいのか…難しい。他生徒との兼ね合いのもあるので「3」をつけることしかできない（保健体育）。
・他の生徒の目もあるので、厳しい評価をせざるを得ない（保健体育）。
【個別に対応できないことへの歯がゆさ】〔7〕
・マンツーマンで指導すれば、技能・体力ともに伸ばすことは間違いなくできるが、他の生徒30〜40名を指導しながらでは大変困難であった。現実的に、他の生徒への指導が優先となる場合が多かった（保健体育）。
・その子ばかりを注視することもできない時に教科の専門性のある支援員の方がずっと付いて一緒に実習等してくれるといいと思ったこともありました。本人がやれると言えば、危なそうだと思ってもやらせないわけにはいかないので。かといってその子にずっと付いてという対応も難しく…少し困りました（家庭）等。
【身体機能の制約による指導の困難さ】〔6〕
・書道技法の上達は、計れなかった（芸術）。
・入力に時間がかかり、他の生徒を待たせることもあり、授業進度に影響してしまった（情報）。
・有機化学において、複雑な構造の化合物や式を頭の中だけで考えていくのがかなり困難だった（理科）
【授業形態による指導の困難さ】〔3〕
・発問形式による授業展開のため、十分に表現できない点に対して苦慮していた（公民）。
・野外実習の成果がどの程度得られたのか不安がある（理科）等。
【使用可能な教具の不備】〔2〕
・実験・実習における各台（机）の高さ調節等（理科）。

〔　〕内は回答数

ことへの歯がゆさ、本人の身体機能の制約による指導の困難さ、授業形態による指導の困難さ、使用可能な教具の不備に関する記述が得られた。家庭や保健体育では、他の生徒の指導もあるため個別に対応することが難しく、対応に苦労している様子がみられた。また、実習において肢体不自由生徒が使用可能な教具の不備についても指摘があった。芸術や情報では、本人の身体能力の制約により対応が困難であることが示されており、授業進度、評価の公平性にも影響を与えていることも述べられていた（**表4**参照）。

3. 特別支援教育支援員に対する評価とその理由

　特別支援教育支援員に対する評価とその理由について尋ねた。その結果、特

表5　特別支援教育支援員への評価に対する理由

【支援・対応への高評価】〔10〕
・こちらの意図をよく理解して、対応してくださった（情報：とてもよかった）。
・移動、代筆をはじめとして、様々な支援をされていて頭が下がりました（数学：とてもよかった）。
【支援員配置の不可欠さ】〔16〕
・良いも良くないもなく、必要な支援だったので配置されて当然だと思う（理科：とてもよかった）。
・教材準備片付など。板書、教科書の開閉など。教員だけでは支援しきれない部分（芸術：とてもよかった）。
・他の全体の指導があるので、個人専属の方がいてくださったのは大変助かりました（保健体育：とてもよかった）。
【支援員にすべてを任せる】〔5〕
・支援員に任せていたので安心して授業することができた（理科）
・支援員の方が手取り足取りやっていたので、すべてお任せしていた（英語）
【肢体不自由生徒本人にとっての好影響】〔4〕
・本人への安心感を生み、授業へスムーズに入ることができたと思う（その他（商業）：とてもよかった）。
・学習支援だけではなく、3年間の日常会話を通して、人間的成長にもつながった（数学：とてもよかった）。
【自立に向けた対応への高評価】〔4〕
・過保護にならず、育てる観点を持って支援していた（保健体育：とてもよかった）。
【自立に向けた対応をすべき】〔10〕
・学校として、どこまで本人に行わせるかをもっと支援員の方と話をして、「自立に向けた支援」も行えるとより良かった（公民：どちらともいえない）。
・前述だが、本人が自分でできることは自分でやらせる方向にもっていってもよかった（英語：どちらともいえない）
【専門性のある支援員の配置】〔4〕
・支援員ではなく、体育の免許を持った教員が付いてあげれば、能力を伸ばせた（保健体育：どちらともいえない）。
・内容面での知識がともなわないと、高校レベルの支援は厳しい（地理歴史：どちらともいえない）。

〔　〕内は回答数

別支援教育支援員の対応が「とてもよかった」と評価したのが39名（62.9%）、「よかった」と評価したのが12名（19.4%）、「どちらともいえない」と評価したのが4名（6.5%）、「よくなかった」と評価したのが0名、「とてもよくなかった」と評価したのが0名、無回答7名（11.3%）であった。特別支援教育支援員に対する評価の理由として、肯定的な意見では、支援・対応への高評価、支援員配置が不可欠であること、肢体不自由生徒にとっての好影響、自立に向けた対応への高評価などが挙げられていた。特別支援教育支援員が配置されていることで教職員がスムーズに授業が実施できることが述べられており、必要不可欠な存在であることが示されていた。また、すべてを支援するのではなく、自分自身でできることは肢体不自由生徒本人に取り組ませる姿勢で対応していたことを評価する教職員もいた。一方で少数ではあるが、特別支援教育支援員ではなく専門の教員を配置させることで本人の能力を伸ばすことができたという意見や高校での学習内容が高度なため特別支援教育支援員もある程度の知識を有する必要性があることを指摘する意見もみられた（**表5**参照）。

Ⅳ．考察およびまとめ

　教育内容・指導方法において、実技を伴う家庭や保健体育などの教員は、「書道作品はPCソフトで作成し、印刷した。実技・体験等はレポートで代替もあった（芸術）」や「車椅子1台を入れてのゲームを実施。相手チームにも1台の車椅子を入れ、乗せる生徒を入れ替えながら実施（保健体育）」といったように、教材・教具やルールを工夫して、本人が可能な範囲でできることを取り組ませることで授業としていた。成績評価ではレポート提出もしくは本人の能力に準じた取組により評価しており、同一科目であっても教員によって評価基準に対応のばらつきがみられた。さらに、「コンピューターの入力には介助者の能力に依存するところが大きく、評価が公正にできたか疑問が残った（情報）」や「体育の授業をレポートでどのような評価をしたらいいのか……難しい。他生徒との兼ね合いのもあるので「3」をつけることしかできない（体育）」のように、成績評価の公平性に疑問をもつ教員もみられた。高野（2018）によれば、高等学校に在籍する肢体不自由生徒は、3年間の技能教科の成績評

価の低さに不満をもっており、大学の指定校推薦などを諦めざる得ない状況にあることが報告されている。文部科学省（2017）では、「正当な理由なく、障害を理由として各種機会の提供を拒否する又は提供に当たって場所・時間帯を制限するなど、障害のない学生に対しては付さない条件を付すこと」が不当な差別的扱いであることが示されており、その上で成績評価においては、教育目標や公平性を損なうような評価基準の変更や合格基準を下げることなどは行わないように留意することが明記されている。今後はこのような前提を踏まえて、肢体不自由生徒が幅広く取り組むことが可能な教育課程の編成を検討するとともに、他生徒との評価に過度な不公平が生じないよう考慮し、「個々にできることを評価する」基準作成とその対応への理解が求められる。また、実技を伴う教科を担当した教員は、肢体不自由生徒だけに個別に対応できないことへの歯がゆさを感じており、「マンツーマンで指導すれば、技能・体力ともに伸ばすことは間違いなくできるが、他の生徒30〜40名を指導しながらでは大変困難であった。現実的に、他の生徒への指導が優先となる場合が多かった（保健体育）」や「その子ばかりを注視することもできない時に教科の専門性のある支援員の方がずっと付いて一緒に実習等してくれるといいと思ったこともありました（家庭）」といった意見を述べており、教科の専門の教員を肢体不自由生徒に個別で配置して対応する必要性を指摘していた。例えば、空き時間で授業を行っていない同一科目の教員が支援員としてサポートに付く等の対応を行うことが望ましいと考えられるが、どの学校にも複数の教員が配置されているとは限らない。各教科担当教員と特別支援教育支援員が授業前にしっかりと連携を取り、授業内容や必要なサポートについて確認を行った上で授業が実施されることが期待される。また、松浦ら（2009）は、肢体不自由特別支援学校の教員が高等学校の教員に対して指導法や手立てに関する助言等を行った結果、教科担当教員の肢体不自由生徒に対する学習の困難さの把握や学習支援について理解が深まり、指導の自信にもつながっていたことを報告している。高等学校内の教員だけで肢体不自由生徒の学習面の困難さに対応するのではなく、特別支援学校のセンター的機能を活用し、特別支援学校の教員の専門的な助言を受けながら外部と連携して支援してことも重要であると考えられる。

　学習面において対応することができなかった課題についての意見はそれほど

多く挙げられなかった。その理由として、一点目に、47名（75.8％）の教員が
それぞれのケースに携わる以前に勤務校で肢体不自由生徒とかかわった経験が
あったことが考えられる。髙野・泉（2016）では、過去にした肢体不自由生徒
とかかわり経験のある教職員は、受け入れに対する心理的な障壁が低く、学校
生活での支援に柔軟に対応できることを報告しており、その経験をもとに学習
上のサポートを行うことができたのではないかと推察される。二点目に、全
ケースで特別支援教育支援員が配置されており、その対応・支援に対して52
名（82.3％）の教員が満足をしており、必要不可欠な存在として捉えていた。
教員の中には、「支援員に任せていたので安心して授業することができた（理
科）」や「支援員の方が手取り足取りやっていたので、すべてお任せしていた
（英語）」といったように、授業の支援や対応を特別支援教育支援員に全面的に
任せる教員もみられ、肢体不自由生徒を特別支援教育支援員が専属でサポート
することで、授業の担当教員はいつも通りの授業に従事することができたため
学習面において困難を感じることが少なかったともいえる。一方で、特別支援
教育支援員に対しては、「学校として、どこまで本人に行わせるかをもっと支
援員の方と話をして、『自立に向けた支援』も行えるとより良かった（公民）」
や「本人が自分できることは自分でやらせる方向にもっていってもよかった
（英語）」といったように将来的な肢体不自由生徒の自立を考慮して、本人が可
能なことはできるかぎり自分でやらせるべきという、支援員のかかわり方や学
校の支援体制の方向性に課題を挙げる教員もみられた。髙野（2018）による
と、特別支援教育支援員自身も、肢体不自由生徒の自立を考慮した支援を心が
けようとしているが、専門性の不足や安全性の面から過度に支援をしすぎてし
まうことを報告している。学校内での特別支援教育支援員の役割を明確化する
とともに、授業担当者との話し合いにより共通理解を図った上で、肢体不自由
生徒の自立を考慮した学習面のサポート体制の構築が求められる。今後の課題
として、肢体不自由生徒本人、特別支援教育支援に対して、学習面での困難さ
やそれをサポートする上での課題等について調査を実施し、それらの結果も踏
まえ総合的に考察を行い、学習面におけるよりよい支援のあり方を検討してい
きたい。

参考・引用文献

安藤隆男・渡邉憲幸・松本美穂子・任龍在・小山信博・丹野傑史（2007）「肢体不自由養護学校における地域支援の現状と課題」、障害科学研究第 31 号、pp.65-73。

松浦孝明・城戸宏則・田丸秋穂（2008）「高等学校に在籍する肢体不自由生徒に対する学習支援」、筑波大学特別支援教育研究 3、pp.13-18。

文部科学省（2013）「教育支援資料」。

文部科学省（2015）「高等学校における特別支援教育の現状と課題について」。

文部科学省（2017）「障害のある学生の修学支援に関する検討会報告（第二次まとめ）について」。

白石淳（2003）「身体障害のある生徒の後期中等教育学校への入学に関する調査研究：両下肢機能障害のある生徒の学校生活と高校への入学を困難とする問題について」、北方圏生活福祉研究所年報 9、pp.7-21。

髙野陽介・泉真由子（2016）「肢体不自由生徒の高等学校入学および学校生活に関する課題や意識についての質的研究－高校関係者へのインタビュー調査を通して」、学会誌「育療」59、pp.53-61。

髙野陽介（2018）「高等学校に在籍する肢体不自由のある生徒の教育実態および課題に関する研究」、博士（教育学）学位論文、東京学芸大学大学院連合学校教育学研究科。

SNE ジャーナル, 26(1), 2020, 129 - 140

報 告

知的障害特別支援学校におけるキャリア教育の取り組みと今後の課題
―進路指導主事に対する質問紙調査から―

斎藤 遼太郎

(茨城キリスト教大学文学部児童教育学科)

桑原 愛実

(埼玉県立所沢特別支援学校)

奥住 秀之

(東京学芸大学教育学部特別支援科学講座)

Ⅰ. 問題と目的

　キャリア教育とは、中央教育審議会より平成23年に出された答申「今後の学校におけるキャリア教育・職業教育の在り方について」において、「一人一人の社会的・職業的自立に向け、必要な基盤となる能力や態度を育てることを通して、キャリア発達を促す教育」と定義されている。現代の社会は、環境や産業・経済の構造などがめまぐるしく変化している。そのような中、子どもたちは、自分の将来を考えるのに役立つ理想とする大人のモデルが見付けにくく、自らの将来に向けて希望あふれる夢を描くことも容易ではなくなっている

キーワード

知的障害特別支援学校　special needs school for intellectual disabilities

キャリア教育　career education

質問紙　questionnaire

進路指導主事　career guidance supervisor

（文部科学省2012a）。キャリア教育を通し、子ども・若者一人一人のキャリア発達を支援し、それぞれにふさわしいキャリアを形成していくために必要な能力や態度を育てていくことが求められている。

　キャリア教育の起源は、1971年1月、米国第19代連邦教育局長官Marlandが、高等教育における大幅な学力低下と大量中退者の出現、卒業生の早期離職等、教育界における深刻な状況を受け、公教育改革の中でCareer Educationを提唱し、中等教育改革の一環として導入したことに遡る（杉中2014）。当初は就職準備教育といった反知性アプローチに対する懸念が示されたが、むしろ基礎教育の向上に貢献するとの観点が定着し、今日まで発展した（杉中2014）。

　近年、キャリア教育は特別支援学校においても施策的に重要視されている。文部科学省（2012b）は、キャリア教育と特別支援教育について、望ましい自立と社会参加のための教育という点において、考え方に共通するものがあると報告している。また、特別支援学校におけるキャリア教育は、「障害の状況を踏まえて児童生徒一人一人のキャリア発達を支援し、生活上の困難を克服できる資質や能力を高め、社会的な自立を育てる教育」であると考えられている（青木2014）。以上のことから、単なる職業に向けた教育だけでなく、自立を図るためにその基礎となる生活上の困難を克服していくことも求められていることが、特別支援学校におけるキャリア教育の独自の特徴と考えられる。平成30年度告示の特別支援学校学習指導要領においても改めてキャリア教育の重要性が指摘され、幼稚部段階からキャリア教育の充実を図ることが規定された。

　特別支援学校において最も多い障害種である知的障害教育におけるキャリア教育については、一般学校教育の影響と福祉施策の影響、さらに視点を大きくして言えば、世界と我が国の「人権思想」の展開の中で、大きな変容を遂げてきた。涌井（2011）は、米国における知的障害のある子どものキャリア教育の動向について概観した上で、「キャリア教育（広義のキャリア教育）」「移行（狭義のキャリア教育）」「職業教育（最も狭義のキャリア教育）」と用語の整理を行い、キャリア教育（広義のキャリア教育）を「将来の自立や社会参加を目指した取り組みを、低年齢から高等部、さらには成人以降も、一貫性、系統性、連続性を持ってみていくこと」と定義した。また、知的障害のキャリア発達の

枠組みとしては、木村・菊地（2011）の作成した「キャリアプランニング・マトリックス（試案）」が学校現場で大きく注目されている（山内2015）。

　知的障害特別支援学校に関するキャリア教育の研究は、実践報告や支援方法、教員の意識を問うものが中心に行われてきた（北村2016）。特に、磯野・佐藤（2012）や藤井ら（2014）のように、教員の意識に関するアンケート調査が多くみられる。一方で知的障害特別支援学校におけるキャリア教育の因子構造を明らかにした検討は、桑原ら（2019）を除いてほとんど見られない。桑原ら（2019）は、ある県の知的障害特別支援学校に勤務する非常勤講師、実習助手を除いた全教員に対し、キャリア教育で児童生徒に身につけてほしい力について、質問紙調査を行った。そして、「将来に関わる力」、「基本的生活習慣・社会性」、「自己理解・他者理解」、「家庭生活」、「余暇活動」、「基礎学力」の6因子構造を見出した。また、「自己理解・他者理解」、「家庭生活」、「余暇活動」、「基礎学力」の4つについては、担当学部により重視度が異なり、小学部・中学部では「余暇活動」を、高等部ではそれ以外の力を各担当学部の教員はより身につけてほしいと考えていることを明らかにした。ところで、桑原ら（2019）の研究は各教員の意向を調査したものに留まった形である。キャリア教育に関しては、進路指導主事を中心とした指導体制の構築が今日においては求められている（藤田2014）。そのため、教員への調査で見出された児童生徒に求める力がどのように学校の指導体制として確立しているかを検討する必要がある。

　そこで本研究では、知的障害特別支援学校の進路指導主事を対象に、キャリア教育の取り組みと今後の課題を検討することを目的とする。その際、桑原ら（2019）により抽出された知的障害特別支援学校の教員がキャリア教育に求める6つの力が具体的にどのような授業として実施されているのかを明らかにする。

Ⅱ. 方　　法

1. 調査対象・調査方法

　A県立知的障害特別支援学校25校の進路指導主事を対象とした。学校長宛に調査依頼を行い、協力を得られた学校から調査依頼文・質問紙を配布した。25校中2校は小学部と中学部の2学部のみ設置されている学校であり、3校は高等特別支援学校であった。調査は、自記・無記名式質問紙にて行った。質問紙の配布と説明は、2校は直接学校に訪問して行い、23校は郵送委託にて行った。回収はすべて郵送にて行った。

2. 調査時期

　2018年12月中旬に配布し、2019年1月上旬までを回収期間とした。

3. 調査内容

　フェイスシートは、性別、教員免許状以外の資格の有無、設置学部、特別支援学校教諭免許状の取得の有無についてたずねる回答欄を設けた。
　キャリア教育への取り組みに関しては、桑原ら（2019）において示された「知的障害特別支援学校教員が考えるキャリア教育で児童生徒に身に付けてほしい力」の6因子（①将来に関わる力、②基本的生活習慣・社会性、③自己理解・他者理解、④家庭生活、⑤余暇活動、⑥基礎学力）に基づく各校の取り組みを尋ねた。また、各校のキャリア教育の課題についての意見を求めた。

Ⅲ. 結　　果

1. 配布数及び回収率

　調査を依頼した、25校すべての学校から調査参加の承諾が得られた。配布数は25部、回収数は25部（回収率100.0%）であった。回収された25部のうち、不備のある回答はなかった。以下、25名のフェイスシートの結果を**表1**に示す。

表1　調査対象者の属性

		N	%
性別	男性	20	80.0
	女性	5	20.0
	合計	25	100.0
教員免許状以外の資格の有無	有	3	12.0
	無	22	88.0
	合計	25	100.0
設置学部	3学部	20	80.0
	小・中学部	2	8.0
	高等部のみ	3	12.0
	合計	25	100.0
特別支援学校教諭免許状の取得状況	有	23	92.0
	無	2	8.0
	合計	25	100.0

2. 知的障害のある児童生徒に教員がキャリア教育で身に付けてほしい力に関する各校の取り組み

　表2は知的障害のある児童生徒に教員がキャリア教育で身に付けてほしい力として見出された6つの力に関する各校の取り組みをまとめたものである。

①将来に関わる力については、小学部、中学部、高等部と段階別に分けることができた。小学部段階では「小低からお手伝いをする」「生活単元学習」「自立活動」「給食の食材の野菜の皮むき」、中学部段階では「校内実習見学」「高等部作業体験会」という意見が見られた。高等部段階では「職業の授業」「作業学習」「校内・現場実習」「職場・学校見学」「進路学習」「就労希望者に対する放課後の個別指導」「事業所から実際の仕事を取り入れる」「実態別のグループを編成し授業を行う」という回答が挙がった。また、福祉施設等で清掃をしている学校や、高等部の職業科に情報コースを設置している学校、希望者にパソコン検定を実施している学校、年間700回程度現場実習を行う学校、デュアルシステムを導入している学校などが見られた。さらに、「職業準備性ピラミッドを参考に保護会で話している」学校も見受けられた。

表2　知的障害のある児童生徒に教員がキャリア教育で身に付けてほしい力に関する各校の取り組み

因子	段階	取り組み
将来に関わる力	小学部	・小低からお手伝いをする　・生活単元学習　・自立活動 ・給食の食材の野菜の皮むき
	中学部	・校内実習見学　・高等部作業体験会
	高等部	・職業の授業　・作業学習　・校内、現場実習 ・職場、学校見学 ・進路学習　・就労希望者に対する放課後の個別指導 ・事業者から実際の仕事を取り入れる　・専科の授業 ・実態別のグループを編成し授業を行う ・グループホームの体験を希望者に実施 ・職業科に情報コースを設置
	その他	・福祉施設等で清掃　・総合的な学習の時間 ・希望者にパソコン検定を実施している　・デュアルシステム ・年間700回程度現場実習を行う ・職業準備性ピラミッドを参考に保護者会で話している
基本的生活習慣・社会性		・自立活動　・日常生活の指導　・道徳　・LHR ・職業の授業　・学校生活全般該当する ・総合的な学習の時間
	その他	・繰り返し毎日指導
自己理解・他者理解		・学校生活全般　・校内清掃　・道徳　・自立活動 ・総合的な学習の時間　・作業学習　・職業の授業　・家庭 ・生活単元学習　・LHR
	その他	・実態別のグループを編成し、授業している
家庭生活		・生活単元学習　・個別面談（家庭訪問）　・LHR ・総合的な学習の時間　・家庭科の授業
	その他	・衣食住をテーマとした家庭の授業をしている
余暇活動		・部活、クラブ活動　・スポーツ大会の参加　・LHR ・音楽　・美術　・体育　・職業科家庭　・職業の授業 ・総合的な学習の時間
基礎学力		・国語　・数学　・さんすう　・各教科 ・総合的な学習の時間
	その他	・実態別のグループを編成し、授業している　・漢検
その他		・朝起きて『おはようございます』から夜寝る『おやすみなさい』まですべてが将来　に向けての訓練だと全校職員と保護者で連携を行っている ・教育課程を複数化し、見直している ・挨拶、笑顔、素直、本気をキーワードにして発信、支援 ・自立活動を中心とした授業の重質、相談支援の機会拡大、キャリア教育や進路　指導に関する情報提供の充実 ・各学部段階での「育てたい力」のシラバスを作成

②基本的生活習慣・社会性については、「自立活動」「日常生活の指導」「道徳」「LHR」「職業の授業」「学校生活全般該当する」「総合的な学習の時間」という意見が見られた。「繰り返し毎日指導」しているとの回答も見受けられた。

③自己理解・他者理解については、「学校生活全般」「校内清掃」「道徳」「自立活動」「LHR」「作業学習」「職業の授業」「家庭」「生活単元学習」「総合的な学習の時間」という回答が見られた。「実態別のグループを編成し、授業」している学校も見受けられた。

④家庭生活については、「生活単元学習」「個別面談（家庭訪問）」「LHR」「総合的な学習の時間」「家庭科の授業」という回答が見られた。「衣食住をテーマとした家庭の授業」という具体的な記述も見られた。

⑤余暇活動については、「部活・クラブ的活動」「スポーツ大会の参加」「LHR」「音楽」「美術」「体育」「職業科の家庭」「職業の授業」「総合的な学習の時間」という回答が挙がった。

⑥基礎学力については、「国語」「数学」「さんすう」「各教科」「総合的な学習の時間」等の教科名の記述が見られた。また、「実態別のグループを編成し、授業」している学校や、「漢検」を実施しているという学校も見られた。

　また、すべての力に関連する取り組みとして、「朝起きて『おはようございます』から夜寝る『おやすみなさい』まですべてが将来に向けての訓練だと全校職員と保護者で連携を行っている」「教育課程を複数化し、見直している」「挨拶・笑顔・素直・本気をキーワードにして発信・支援」「自立活動を中心とした授業の充実、相談支援の機会拡大、キャリア教育や進路指導に関する情報提供の充実」と具体的なテーマや教員間で共有していることの回答も見られた。「各学部段階での『育てたい力』のシラバスを作成」したという回答もあり、独自の教育方法を設定している学校もあった。

3. 各校のキャリア教育における課題

　各校のキャリア教育の課題について任意で回答を求めた。結果23校より回答が見られた。

　意見を概観すると、連携の必要さについて記述している学校が11校であった。その中でも「キャリア教育を学校で一貫して行うことが大切」「小中高の系統性が課題」と、特別支援学校の学部間の連携についての回答が最も多く見られた。それ以外にも学校内の研究部との連携や地域・学校・家庭の連携、福祉との連携についての回答も見られた。また、意識の違いについて述べている学校は2校見受けられた。「中学校から本校高等部に入学してきた保護者の進路の意識の低さを感じている」と、外部から高等部に入学した生徒の保護者の進路意識の低さについての回答や「教員のキャリア教育に対する意識に差異がある」と、教員の意識の差異についての回答が見られた。さらに「幅広く学ぶことが大切」「広義の考え方で取り組むべき」と、職業や就職だけではない広義のキャリア教育を実践することに言及している学校が6校見られた。上記の他にもキャリア教育に関連させて年間計画や教育課程、独自の学校のキャリア教育プランを作成しているとの回答も見られた。

Ⅳ. 考　　察

1. 知的障害のある児童生徒に教員がキャリア教育で身に付けてほしい力に関する各校の取り組み

　各学校における6つの力に関する取り組みを尋ねた。「将来に関わる力」については、小学部から取り組まれている学校が多いことが示された。特別支援学校においては、各教育活動を通して常に社会との関係性のもと、児童生徒に育てたい力を明確にして、小・中・高と一貫した支援を行うことが求められている（青木2014）。就労までは時間があるものの、小学部段階から一貫性のある教育に取り組んでいることが示唆される。一方で生活に関する内容については、繰り返し毎日指導するなど、教育活動全体に広く根付くものとして取り組まれていることが示された。今後は、生活に関する内容についても、明確にキャリア教育の一環として位置づけ、計画的に指導していくことが重要であると考えられる。

　また、高等部の職業科に情報コースを設置している学校や、高等部でパソコン検定を行っている学校が見受けられた。情報活用能力とキャリア教育を結び

付け、就労へつなげていることが示唆される。さらに、近隣企業に出向いて就業体験を行うデュアルシステムを取り入れている学校も見受けられた。山内（2015）は、特別支援学校がデュアルシステムを取り入れることで、学校と企業との有機的な連携が行われ、生徒の学びの「場」が学校と企業の2つ存在し、その成果が生徒の進路指導にも生かされ、学校から社会へのスムーズな移行へと繋がっていることを報告している。システムの導入は、学校運営を司り、職責は重いため、学校内だけではなく、実習先の企業や学校外にまでその影響力は及ぶ。キャリア教育の視点としても、学校教育全体即ち教職員組織全体をどう動かし、どの方向に引っ張っていくのかを常に考慮する学校経営の在り方にも及ぶといえる（山内2015）。

2.　各校のキャリア教育における課題

　各校のキャリア教育の課題を任意で求めた。連携の必要さについて記述している学校が11校あり、小学部・中学部・高等部の連携が最も多く、それ以外にも研究部との連携、地域の学校との連携、家庭や地域（福祉）との連携についての回答も見られた。特別支援学校において、児童生徒のキャリア発達を促す取り組みを実践することで、学校としての一貫性が持たせられることになる（青木2014）。特別支援学校におけるキャリア教育の成果は、学校卒業後の社会生活、地域生活への移行に向けて、福祉や労働等の関係機関と連携した就労移行支援の中で活かされる必要があるため、卒業後の生活を支える機関とのキャリア形成支援の連続性が重要である（国立特別支援教育総合研究所2008）。

　意識の違いについて述べている学校は2校あり、外部から高等部に入学した生徒の保護者の進路意識の低さや教員の意識の差異についての回答が見られた。保護者の意識においては、保護者の担任が進路に関する確かな知識や経験をもって保護者支援に当たること、学校として計画的に保護者への進路支援を進めていくことで、連携に関する充実度を高め、保護者支援が属人的にならないよう、体制整備として連携を捉えることが重要である（青柳2015; 清永・是永2016）。その際、高等部から特別支援学校に入学した場合、個別の指導計画や個別の教育支援計画を有効に活用されてきていない可能性もある。保護者と

の連携のためのツールを効果的に活用することが求められる。教員の意識の違いについては、先行研究においても特に小学部・中学部においてキャリア教育への意識が不十分であることが報告されている（磯野・佐藤 2012）。またキャリア教育に対する意識の教員間の違いについては肢体不自由特別支援学校においても見られるなど（越智 2018; 脇田ら 2015）、特別支援学校共通の課題であると考えられる。効果的なキャリア教育を展開するためには、各校のプログラムや教育課程の内容を充実させることも重要だが、そうしたプログラム等について校内委員会などを活用し学校全体の問題として教員が意識を共有していく必要がある。

Ｖ．おわりに

　本稿では、A 県立知的障害特別支援学校に勤務する進路指導主事を対象に、キャリア教育の取り組みと今後の課題を質問紙法による調査から検討した。結果、学部間の連続性について取り組みが行われつつも教員間の意識の差などのために、課題もまだ多いことが示された。一方で今後の課題として、以下の点が挙げられる。

　第一に、知的障害のみを対象としている点である。障害種を限定したことにより、知的障害については緻密な検討を行うことが可能であったが、一方で他の障害種との違いについては先行研究との比較にとどまっている。また、近年特に注目を浴びている通常の学校に在籍する発達障害児に対するキャリア教育の取り組みも、今後は検討していく必要があると考えられる。

　第二に、進路指導主事のみを対象としているため、実際に学級において指導をしている担任等の意識については、進路指導主事の視点からでのみの検討となっている。今後、同一の質問紙を進路指導主事と担任に対し実施し、役職による意識の違いを検討していく必要がある。

謝辞
　調査を快諾してくださった学校の校長先生方、ならびに御協力頂いた先生方に感謝申し上げます。

文献

青木猛正（2014）特別支援学校におけるキャリア教育のあり方．教職研究, 24, 1-10.

青柳禎久（2015）特別支援学校（知的障がい）における進路指導の充実に関する研究―進路・就労支援ハンドブックの活用を通して―．岩手県立総合教育センター．

中央教育審議会（2011）今後の学校教育におけるキャリア教育・職業教育の在り方について（答申）．

藤井明日香・川合紀宗・落合俊郎（2014）特別支援学校（知的障害）高等部進路指導担当教員の就労移行支援に対する困り感―指導法及び教員支援に関する自由記述から―．高松大学研究紀要, 60・61, 111-128.

藤田晃之（2014）キャリア教育基礎論－正しい理解と実践のために－．実業之日本社．

磯野浩二・佐藤慎二（2012）知的障害特別支援学校におけるキャリア教育に関する意識調査―千葉県内の特別支援学校全学部主事への質問紙調査を通して―．植草学園短期大学研究紀要, 13, 33-38.

木村宣孝・菊地一文（2011）特別支援教育におけるキャリア教育の意義と知的障害のある児童生徒の「キャリアプランニング・マトリックス（試案）」作成の経緯．国立特別支援教育総合研究所研究紀要, 38, 3-17.

北村博幸（2016）知的障害教育におけるキャリア教育の現状と課題．北海道教育大学紀要, 67(1), 107-115.

清永百香・是永かな子（2016）知的障害特別支援学校高等部の教員・保護者・生徒本人に対する進路決定に関する調査―合理的配慮の視点から―．高知大学教育学部研究報告, 76, 85-98.

国立特別支援教育総合研究所（2010）知的障害教育におけるキャリア教育の在り方に関する研究―「キャリア発達段階・内容表（試案）」に基づく実践モデルの構築を目指して―．国立特別支援教育総合研究所研究成果報告書 B-253.

桑原愛実・奥住秀之・斎藤遼太郎（2019）知的障害特別支援学校におけるキャリア教育を通して児童生徒に身に付けてほしい力：A 県立知的障害特別支援学校教員への質問紙調査から．SNE ジャーナル, 25(1), 176-189.

文部科学省（2012a）高等学校キャリア教育の手引き．教育出版．

文部科学省（2012b）共生社会の形成に向けたインクルーシブ教育システム構築のための特別支援教育の推進（報告）．

越智文香・越智彩帆・樫木暢子・苅田知則・加藤公史（2018）キャリア教育に関する肢体不自由特別支援学校教員の意識調査―子どもの「夢や願い」と授業実践との関連―．Journal of Inclusive Education, 4, 74-86.

杉中拓央・菊地一文・松為信雄（2014）特別支援学校（聴覚障害）におけるキャリア教育推進の実態．聴覚言語障害, 43(1), 15-24.

脇田耕平・藤井梓・河合俊典・池永真義・冨永光昭（2015）肢体不自由特別支援学校における「新しい」キャリア教育の実態と課題―近畿 2 府 4 県の肢体不自由特別支

　援学校への質問紙調査を通して―．大阪教育大学紀要第Ⅳ部門，64(1)，177-186.

涌井恵（2011）米国における知的障害のある子どものキャリア教育の動向と日本への
　示唆．国立特別支援教育総合研究所研究紀要，38, 19-30.

山内國嗣（2015）知的障害教育におけるキャリア教育の視点と今日的課題―大阪府の
　知的障害後期中等教育を中心に―．大阪総合保育大学紀要，9, 263-288.

SNE ジャーナル, 26(1), 2020, 141 - 149

報　告

院内学級担当教員が抱える困難と改善策の状況

村上 理絵

（広島大学大学院人間社会科学研究科）

吉利 宗久

（岡山大学大学院教育学研究科）

I．はじめに

　インクルーシブ教育が国際的な潮流となり、通常の学校・学級における支援システムの構築が進められている。わが国においても、すでに多くの慢性疾患患児が、通常の学校・学級において教育を受けているが、治療や入院に伴う教育的な支援の充実は依然として大きな課題となっている[1]。

　入院中の子どもの学びの場には、特別支援学校（病弱）および病弱・身体虚弱特別支援学級がある。文部科学省[2]によれば、「病気やけがにより、延べ30課業日以上入院した児童生徒」への対応として、特別支援学校の小・中学部（243 / 397校；363 / 2,078人）、小・中学校（1,142 / 2,386校；1,186 / 2,769人）の多くが「学習指導を実施していない」という実態が明らかになった。一方、特別支援学校小・中学部においては「本校、分校、分教室を病院内に設置し学習指導を実施」している学校の大部分（48/51校）が、また小・中学校においても「特別支援学級（の分教室）を病院内等に設置し学習指導を実施」してい

キーワード

院内学級担当教員　Hospital classroom teacher

教員の困難　Teacher's difficulties

実践的な改善策　Practical effort

る学校の半数（142 / 176校）以上が平均週5日の「学習指導（授業）」を行っていた。これらの状況から、院内に教室が設置されていることは、入院している児童生徒にとって重要な意味をもつといえよう。

　しかし、院内学級をとりまく状況にはソフト面、ハード面ともに困難が指摘されている[3) 4) 5)]。なかでも、日下ら[6)] は、院内学級担当教員が感じている困難さとして、①教科指導、②前籍校との連携、③医師との連携、④病気の知識と配慮を挙げている。同様に、武田ら[7) 8)] は、教員が教材、教具、設備、授業時数等の制約、免許外の教科指導、集団活動の実施体制、個への対応、指導内容の偏り、病状や治療の情報・説明不足、前籍校との連携など多様な課題に直面していることを明らかにしている。

　近年、ICTを活用した授業の実施、学籍異動手続きの簡素化など、新たな技術や制度的枠組みの導入によって問題の解決が図られつつある。すなわち、院内学級担当教員（以下、院内学級担任とする）が抱える困難と、解決のための工夫やその成果を改めて捉えることは、今後の教育実践を展開するために有意義な示唆を含むと考えられる。そこで、院内学級における教員の困難と改善のための工夫について明らかにしたい。なお、院内学級には、病院内に併設されている特別支援学校（病弱）、病院内に教室となる場所や職員室等を確保して分校又は分教室として設置している特別支援学校（病弱）、病院内に設置されている病弱・身体虚弱特別支援学級など様々な形態があるが、本研究では、病院内に設置されている小中学校の病弱・身体虚弱特別支援学級を取り扱うこととした。

Ⅱ．方　　法

1．対　象

　A県内の小中学校の病弱・身体虚弱特別支援学級として運営されている院内学級を担任する教員3名を対象とした。このうち1名はB病院に設置された小学校、2名はそれぞれB病院、C病院に設置された中学校を担当していた。院内学級の担当経験年数はそれぞれ1年、2年、3年であった。院内学級の規模は、B、C病院ともに小中学校それぞれ1クラスずつ設置されており、年間を通じ

て約1～10名の児童生徒が在籍していた。B、C病院はともに地域医療の中心となっている総合病院であり、病院が所在する市以外にも他市他県から患児が訪れていた。担当する子どもの疾患には、小児癌、慢性腎臓病等の重度で入退院を繰り返す疾患が含まれていた。

2.　インタビュー方法および内容

　インタビューは20XX年3月から6月の間にそれぞれ個別に行い、インタビュー内容をICレコーダーで記録した。半構造化面接法を採用し、①院内学級での勤務における不安や困難、②児童生徒や保護者への指導や支援、③実施した指導や支援に対する困難および工夫と成果、④保護者や医療者との連携に関する困難および工夫と成果の4項目について質問を行った。

3.　分析方法および手続き

　分析対象はインタビューで得られた教員の語りとし、質的研究法の内容分析を用いて分析を行った。分析手続きは、音声データを文字に起こし、4つの質問項目に該当する箇所を文脈単位（一回の質問に対する発言）として抽出した。その後、文章の文意を損なわないように該当文章を端的に編集し、記録単位を作成した。記録単位は類似するものを集約してカテゴリーとした。カテゴリーの信頼性を確保するために、特別支援教育に携わる教員1名に分析を依頼し、第一著者および教員の分析による結果の一致率をカッパ係数により求めた。カテゴリーグループへの分類の2者間の一致率はかなりの一致を示した（κ =0.63）。

4.　倫理的配慮

　研究対象者には、文書と口頭によって、研究の趣旨、研究方法、研究への参加は自由意思であること、拒否しても何ら不利益を受けないこと、また個人情報は厳密に保護されることを説明した。本研究は研究機関の研究倫理委員会による承認を得ている（課題番号8番）。

Ⅲ．結果と考察

　対象者の語りを分析した結果、79の記録単位から、困難については17のカテゴリーを、工夫と成果については10のカテゴリーを抽出した。対象者へのインタビューから得られた困難とそれに対する工夫と成果を対応させて示したものが**表1**である。太字斜体下線はカテゴリーを、中点による箇条書きはカテゴリーに含まれる記録単位のうち代表的なものを示した。

表1　院内学級担任へのインタビューから得られた困難および工夫と成果

	困　　難	工夫と成果
学習環境	*__専門外の教科を教える不安（中学校）__* ・専門外の教科について子どもに「わからない」と言えない ・専門外の教科について教科書を繰り返し教えるのでよいのか不安	*__TT 制度の導入__* ・専門教科の異なる教員が交代で入る TT 制度が導入されている ・専門の教員に学習内容を聞くなどしながら学習指導ができた
	__遠隔授業を行うための整備や準備__ ・プライバシーの問題があり遠隔授業は簡単に実施できない ・ICT を用いた授業は前籍校に設備がなければできない	
	__教材や学用品の不足__ ・全教科のプリントをそろえるのが困難 ・入院時に学用品（筆記用具、ノート、文房具など）を持って来ていない、自宅が遠く取りに帰ることができない、入院期間が短く入手が間に合わないなどの理由により、入院期間が短い子どものために学用品をそろえるのが困難	*__教科書の貸与__* ・入院時に教科書を持って来ていない、自宅が遠く取りに帰ることができない、入院期間が短く入手が間に合わないなどの理由により教科書が手元にない子どもが教科書を使用できる
	__学習計画やペースの決めにくさ__ ・学習空白があるまま入級する ・体調や気分に合わせて学習のペースを決める	*__ICT を用いた遠隔授業の活用__* ・遠隔授業で教員が関わることによって出席扱いになる ・病室から出ることができない期間に授業を受けられる *__指導方法の工夫、適切な教材の使用__* ・単元を関連付けながら学習空白を埋めていく ・受験対策用のワークを活用して学習空白を埋めていく
	__複数の子どもへの同時対応__ ・複数の子どもに対応するための工夫 ・学習面のサポートが不十分	*__子ども同士の教え合い、ゆとりのある個別指導__* ・上級生が下級生に勉強を教えたり面倒を見たりする ・少人数のためゆっくり子どもと向き合うことができる
	__子どもが楽しめる活動の実施__ ・子どもが楽しいと思えるような活動を行う ・院内学級に通級してくるよう促す	

専門性	*復学に向けて子どもの力になれたかどうか* ・復学に向けて何ができるのか ・子どもの気持ちが学習に向かずサポートできたかどうか	*退院後に子どもから院内学級での経験や学習の成果について肯定的な意見を聞く* ・個別に学習に取り組んだ成果を子どもから聞くことができた ・退院時に子どもがよい経験だったと言った
	医学的知識の不足に由来する保護者への適切な振る舞いに関する不安 ・医学的知識がないため子どもや保護者との関わりに気を遣う ・医学的知識がないため子どもへの言葉かけを後から後悔した	
	担任として必要な医学的知識 ・医療界の知らない言葉をどのくらい理解できるか ・院内学級担任として必要な情報は何か具体的に挙げる	
	退院後の支援 ・学習空白を残したまま復学し辛い思いをする ・退院後院内学級が子どもに関わることができない	
	子どもや保護者が抱える困難への気づきと対応 ・子どもや保護者が求めていることを引き出すのが難しい ・求めていることや思いに応えられない	
	保護者の意向の理解 ・保護者によって院内学級に求めていることが異なる ・保護者によって異なる心の距離を見極める	
連携	*医療者からの十分な情報や知識の提供* ・医療者に病気の説明を受けた後自分で調べ直す ・着任当初は教員から医療者に情報を求めに行くのが難しい	*医療者の院内学級に対する重要性の認識と積極的な関わり* ・医療者が情報提供してくれる ・医療者が子どもや病院スタッフに院内学級を紹介した *関係者との連携* ・医療者、保育士、心理士などと連携が取りやすい環境がある ・保護者、医療者、教員で思いを共有する場が重要である
	前籍校との相談・連絡のための時間不足 ・評定について前籍校とすりあわせをするのが難しい ・前籍校への連絡のタイミングが難しい	*前籍校との連携* ・前籍校と相談しながら進路指導ができた
	入院期間が短い場合の転籍手続き ・入院期間が短い場合も転籍手続きを行わなければいけない ・転籍手続きや入院中の子どもに関する特別な手続きは転籍手続き等の経験がない前籍校の教員にとってわかりにくい	
普及	*自身が院内学級担任になるイメージを持つことができないあるいはイメージをもつための情報不足* ・院内学級について知る機会が少ない ・自分が院内学級を担当するイメージを持つのが難しい	*同僚の院内学級訪問とそれによる同僚の院内学級業務への理解の深化* ・院内学級担任でない教員や新任教員が行事等に参加してくれる ・院内学級の業務に関して理解してくれる同僚が多い
	同僚の院内学級業務に対する本質的な理解 ・院内学級の子どもについて同僚は本質的に理解することは難しく一人で不安に思う ・一人職だと感じる	

　困難および工夫と成果は、大きく分けて「学習環境」「担任としての専門性と役割（以下、専門性とする）」「関係者との連携（以下、連携とする）」「院内学級業務の普及（以下、普及とする）」に分類できた。これらは、「専門外の教科を教える不安」「復学に向けて子どもの力になれたかどうか」「医療者からの十分な情報や知識の提供」「同僚の院内学級業務に対する本質的な理解」など主にソフト面での課題もあれば、「遠隔授業を行うための整備や準備」「退院後の支援」「入院期間が短い場合の転籍手続き」「自身が院内学級担任になるイメージを持つことができないあるいはイメージを持つための情報不足」など、ソフト面とハード面の両方の課題を併せもつものもあった。また、「学習環境」「専門性」「連携」「普及」に関する困難のうち、「学習環境」「専門性」「連携」に関する困難は、先行研究[3〜8]で指摘されている内容とおおよそ一致していたが、「普及」については新しい知見であった。さらに、「学習環境」「連携」「普及」に関する困難の大部分はそれに対応する工夫と成果が挙げられたが、「専門性」に関する困難は6つの困難のうち5つについて該当する工夫と成果が挙げられておらず、特に解決が難しいことが示された。

　「学習環境」の困難に関する「専門外の教科を教える不安（中学校）」は、院内学級担任が当該科目の専門の教員に学習内容を聞くなどしながら進める一方で、可能な時間に専門の教員が院内学級に入って学習を深める工夫が行われていた。杉本[9]は入院中の子どもにTT（ティーム・ティーチング）で指導を行う利点について、児童生徒を多角的に把握することが可能となること、個々の教師の専門性や特性を生かすことができ創造的な授業を展開できること、学習グループを編成することができ、児童生徒個々の能力や特性に応じた指導が可能となることを挙げており、限られた環境であっても学習を深めることができる可能性を示唆した。「TT制度」の導入は、院内学級に在籍する子どもたちに接して授業を行うため、「普及」の困難に見られる「自身が院内学級担任になるイメージを持つことができないあるいはイメージをもつための情報不足」にもよい影響を与えると考えられる。一方で、学級担任制をとる学校種においては、教員の空き時間が少なく院内学級に出向く時間が確保できないなどの困難もある。ICTを活用するなど、院内学級に足を運ばなくても様々な教員が学級に関わるシステムづくりが必要となる。

　「学習計画やペースの決めにくさ」は、単元を関連づけながら指導する、受験対策用のワークを用いて中学校3年間の学習内容を振り返るなどの工夫を行っていた。また、「複数の子どもへの同時対応」では、子ども同士で勉強を教え合う、少人数のため教員がゆっくりと子どもに向き合うことができるという院内学級の特性を生かした工夫が挙げられた。教員は、効率的に学習空白を埋め学習を進めるために、それぞれの子どもに対して何の教材を用いてどのように学ばせるのか（個別指導、子ども同士の学び合い、ICTによる授業など）を授業開始までに具体的に計画する重要性が示唆された。

　その他には、「教科書の貸与」「ICTを用いた遠隔授業の活用」など、可能な資源を活用し、子どもが学びやすい環境づくりが行われていた。

　「専門性」に関する困難は先行研究[3~8]によって指摘されている内容と同様あるいは類似していたが、それを解決するための方法や工夫は十分ではなかった。専門性の主たる困難の一つである医学的知識について、困難の一因は医療者との連携が十分でないことも影響していると考えられる。本研究では、医療者が院内学級の重要性を認識し積極的な関わりを持っていることで、院内学級担任は医療者から知識や情報を得やすいことが語られた。大見[10]が述べているように、学校は子どもにとって、日常生活を取り戻せる、普通の自分に戻れる、仲間がいるという意味をもつ。治療時とは異なる院内学級での子どもの様子を伝えることが治療をスムーズに行う一助となるのならば、医療者が院内学級の重要性を感じられ、連携を深める契機ともなりうるであろう。

　「専門性」の中で成果が挙げられた「退院後に子どもから院内学級での経験や学習の成果について肯定的な意見を聞く」では、個別学習に取り組んだ成果や、院内学級での経験について子どもから肯定的な話を聞くことによって、教員が抱く不安を払拭していることがわかった。退院後も前籍校との連携を図るなど、子どもの院内学級での生活経験が復学後の生活の充実につながっていると院内学級担任が感じられる仕組みがあれば、専門性の向上にも寄与する可能性が考えられる。

　「普及」に関する困難における、「自身が院内学級担任になるイメージを持つことができないあるいはイメージをもつための情報不足」「同僚の院内学級業務に対する本質的な理解」は、院内学級担任が朝礼等で院内学級について紹介

する、院内学級への訪問を呼びかけ実態を知ってもらうなどの工夫がなされていた。院内学級担任は、それにより同僚の院内学級業務に対する理解が深まったと感じており、本校の教員に対して院内学級の情報を積極的に発信すること、院内学級を訪問してもらうことの重要性が示唆された。

Ⅳ．おわりに

　本研究では、院内学級担任は「学習環境」「専門性」「連携」「普及」に関する困難を抱えており、困難を解決するための工夫として「TT制度の導入」「医療者の院内学級に対する重要性の認識と積極的な関わり」「同僚の院内学級訪問」などがあることが示された。しかし、「専門性」については、困難を解決するための工夫が明らかにできず改善のための示唆を得ることができなかった。院内学級担任が抱える困難および工夫と成果の大部分は、先行研究[3～8]を支持する一方で、「学習環境」の工夫と成果の一部である「教科書の貸与」「指導方法の工夫、適切な教材の使用」における単元の関連付けや受験対策用ワークの活用、「専門性」の「退院後に子どもから院内学級での経験や学習の成果について肯定的な意見を聞く」については、困難解決のために実践レベルで行われている取り組みとして新たに把握することができた。国による施策もみられつつあるが、計画的な専門家の養成や遠隔教育などのさらなる取り組みを加速しなければならない。

謝辞
　本調査にご協力いただいた皆様に感謝申し上げます。本研究はJSPS科研費若手研究JP19K14298の助成を受けたものです。

引用文献
1)　東京都福祉保健局（2017）慢性疾患を抱える児童等の実態調査報告書，1-261.
2)　文部科学省（2015）「長期入院児童生徒に対する教育支援に関する実態調査の概要」，https://www.mext.go.jp/a_menu/shotou/tokubetu/__icsFiles/afieldfile/2015/05/26/1358251_02_1.pdf
3)　長江綾子（2016）院内学級担当教員の支援ニーズに関する一考察─病気療養児の心理的支援を中心に─，広島大学大学院教育学研究科紀要第一部，65, 25-34.

4)　篁倫子・武田鉄郎・西牧謙吾・植木田潤（2006）ターミナル期における教育的心理対応に関する研究－子どもと共にある教育を目指して－，国立特殊教育総合研究所平成14年度～平成17年度研究報告書，1-95.

5)　谷口明子（2011）病弱教育における教育実践上の困難：病院内教育担当教師たちが抱える困り感の記述的報告，山梨大学教育学部附属教育実践研究指導センター研究紀要，16, 1-7.

6)　日下奈緒美・新平鎮博・森山貴史（2016）インクルーシブ教育システム構築における慢性疾患のある児童生徒の教育的ニーズと合理的配慮及び基礎的環境整備に関する研究，国立特別支援教育総合研究所平成26年度～平成27年度成果報告書，1-47.

7)　武田鉄郎・笠原芳隆（2001）院内学級における学級経営上の課題と教員支援，発達障害研究，23(2), 126-135.

8)　武田鉄郎・張雪・武田陽子・岡田弘美・櫻井育穂・丸光恵（2016）小児がんの児童生徒の教育的対応と教員の困難感に関する研究―小児がん拠点病院内教育機関を対象に―，和歌山大学教育学部紀要教育科学，66, 27-34.

9)　杉本茂（2009）子どもが楽しめる学習の実現，特別支援教育ほっかいどう，21, 20-21.

10)　大見サキエ（2016）小児看護学領域における問題提起：病気療養児に対する教育支援の取り組みの現状と課題，法政論叢，52(2), 221-229.

150　　　　　　　　　SNE ジャーナル, 26(1), 2020, 150 - 161

報　告

児童心理治療施設入所の子どもが有する 発達困難と発達支援の課題
―全国の児童心理治療施設職員調査から―

田中 裕己　　　田部 絢子
（横浜いずみ学園）　　（金沢大学）

内藤 千尋　　　髙橋 智
（松本大学）　　　（日本大学）

Ⅰ．はじめに

　昨今、不適切な養育・被虐待・ネグレクト等による発達困難を抱える子どもの急激な増加を受け、そうした子どもに対して安心・安全な生活の保障、教育と発達の保障を基底とした発達支援を提供する社会的養護のシステムと実践はいっそう重要性を増している（髙橋ほか：2012、内藤ほか：2013）。

　そうした社会的養護の一翼を担う児童心理治療施設は2020年3月末時点で全国に51施設ある。2016年6月に公布された「児童福祉法等の一部を改正する法律」（法律第63号）により「情緒障害児短期治療施設」から「児童心理治療施設」へと名称が変更になり、「家庭環境、学校における交友関係その他の環境上の理由により、社会生活への適応が困難となった児童を、短期間、入所させ、又は保護者の下から通わせて、社会生活に適応するために必要な心理に関

キーワード

児童心理治療施設　Psychological Treatment Facility for Children
発達困難　Developmental Difficulties
発達支援　Developmental Support

する治療及び生活指導を主として行い、あわせて退所した者について相談その他の援助を行うこと」（児童福祉法第43条の2）と位置づけられた。児童心理治療施設においては心理士による「心理療法」、医師による「医療」、生活指導員による「日常生活支援」、教師による「学校教育」など、24時間を通しての発達支援が行われている。

　前身の情緒障害児短期治療施設は1962年4月に児童福祉法の一部改正により誕生したが、発足当初は「主として親子関係の障害により社会適応が困難となっている児童に対して、心理学的治療や生活指導を加えその障害を根本的に治すことを目的とした施設」（厚生省：1963）とされ、2000年頃になると児童虐待報告件数が急増して、被虐待・発達障害児支援を中心とした多様な教育的ニーズを有する児童支援へと役割が変化している（大迫：2017）。

　近年、児童心理治療施設の入所期間は長期化の傾向にあり、それに伴って支援方法や支援体制の改善が求められている。滝川ほか（2016）は「対応の難しい児童たち」を支援対象とする役割は拡大しつつあり、「狭義の心理療法にとどまらず、入所設備を備えて子どもたちに共同生活の場を与え、生活のなかで、心理・生活・教育をあわせた総合的なこころのケアと成長に取り組むところに他の機関にない大きな特質をもっている」と述べている。

　このように児童心理治療施設に対する期待は高まっているが、入所児や支援の実態に関する先行研究はきわめて少ない。それゆえに本稿では、全国の児童心理治療施設の職員調査を通して、児童心理治療施設に入所する子どもが有する多様な発達困難の実態と発達支援の課題について検討する。

II．方　　法

　調査対象は全国50施設（2018年10月時点）の児童心理治療施設の職員であり、調査方法は郵送質問紙調査法である。全国の児童心理治療施設に対して電話による協力依頼を行い、調査協力を得られた児童心理治療施設職員（各施設1名）に郵送で質問紙を送付して回収した。

　調査内容は「施設の概要」「施設職員の入所児童に対する意識と支援課題」「入所する子どもの概要」「入所の子どもの睡眠・食・排泄等の生活上の困難と行

動特徴」「分校・分教室等との連携体制」「入所前・退所後の支援」である。生活面からみる入所の子どもが有する発達困難に関する質問項目では、各施設入所児において該当する児童の割合を「いない」「2割程度」「4割程度」「6割程度」「8割以上」の5件法で回答を求めた。児童心理治療施設における発達支援、学校との連携・協働に関する項目では、選択肢及び自由記述による回答を求めた。自由記述により得られた調査結果の分析については、類似の回答ごとに分類して件数を算出した。

　本研究は、個人情報保護法および日本特殊教育学会・所属大学の研究倫理規定にもとづき調査を遂行した。調査協力者には「調査目的、調査結果の利用・発表方法、秘密保持と目的外使用禁止」について事前に説明し、調査協力の了解を得た。

　調査期間は2018年10月～11月、27施設から回答が得られ回収率は54.0%であった（無効回答なし）。回答者は施設長8名29.6%、副施設長1名3.7%、主幹職員14名51.9%、その他4名14.8%（n=27名）。回答者の児童心理治療施設の平均勤務年数は施設長10.9年、副施設長19.0年、主幹職員9.4年、その他6.8年、全体の平均は9.8年である。

Ⅲ．結　　果

1．児童心理治療施設と入所の子どもの概要

　児童心理治療施設の運営形態は「児童養護施設を運営する法人（民設民営）」10施設38.5%、「公設公営」3施設11.5%、「公設民営（事業団経営）」2施設7.7%、「精神科病院が隣接する施設（民設民営）」1施設3.8%、「その他民設施設」10施設38.5%である（n=26施設）。生活形態は「大舎制（約11名以上の生活単位）」11施設47.8%、「ユニット・小舎制（約10名以下の生活単位）」10施設43.5%、「大舎・小舎・ユニット混合制」2施設8.7%である（n=23施設）。

　回答のあった27施設の調査時における入所の子ども数は679名（小学生266名、中学生284名、高校生119名、その他10名）であり、障害の診断・判定を有するのは518名76.3%（n=27施設679名）であった。

　その内訳はASD241名46.5%、ADHD195名37.6%、愛着障害116名22.4%、

知的障害83名16.0%、精神疾患29名5.6%、LD14名2.7%、病弱・身体虚弱4名0.8%、言語障害4名0.8%、分類しにくいが障害の特徴を有する27名5.2%、その他59名11.4%であった（重複障害あり、n=518名）。その他は心的外傷後ストレス障害（PTSD）、チック障害、ストレス関連障害、解離性障害、反抗挑戦性障害、適応障害、社会不安障害、睡眠障害、摂食障害などである。

　被虐待経験者は524名77.2%（n=679名）、その内訳は身体的虐待320名61.1%、性的虐待43名8.2%、心理的虐待165名31.5%、ネグレクト244名46.6%であった（n=524名）。その他、不登校経験者261名40.6%（n=26施設643名）、いじめ経験者154名27.5%であった（n=22施設560名）。

2.　生活面からみた子どもの発達困難

　入所の子どもの特徴的行動の項目のうち、「6割程度」あるいは「8割以上該当している」と回答した施設が多かった項目（上位5項目）では、「衝動的」（「6割程度」10施設37.0%、「8割以上」2施設7.4%）、「大人への甘えと反発が入り混ざる」（「6割程度」9施設33.3%、「8割以上」3施設11.1%）、「他の子に対するひがみ」（「6割程度」5施設18.5%、「8割以上」7施設25.9%）がいずれも12施設で最も多く、次いで「気分の浮き沈み」10施設（「6割程度」8施設29.6%、「8割以上」2施設7.4%）、「不自然なはしゃぎ」9施設（「6割程度」6施設23.1%、「8割以上」3施設11.5%）であった（n=27施設、**表1**）。

　身体発育が「その年齢の標準に比して低身長あるいは低体重」の子どもがどの程度いるかを問うと「2割程度」16施設69.6%、「4割程度」4施設17.4%であった（n=23施設）。

　睡眠困難に関しては「寝つきが悪い」子どもが多く、「2割程度」15施設55.6%、「4割程度」9施設33.3%、「6割程度」2施設7.4%である（n=27施設）。また、回答された全27施設において2割以上の子どもに「朝起きて起動するまでにとても時間がかかる」「夜中に何度も目が覚める」「布団に入ってから3、4時間は寝付けない」「うつがひどく起き上がるのも辛い」という状況が見られた。

　食の困難に関しては「極端な偏食」（「2割程度」15施設55.6%、「4割程度」3施設11.1%、「6割程度」2施設7.4%）、「異常なほどの食欲・過食傾向」

表1　入所の子どもの特徴的行動

(n=27 施設)

	いない	2割程度いる	4割程度いる	6割程度いる	8割以上いる
1. 痛みに敏感	1	17	7	1	1
	3.7%	63.0%	25.9%	3.7%	3.7%
2. 過敏	1	15	8	2	1
	3.7%	55.6%	29.6%	7.4%	3.7%
3. 衝動的	0	4	11	10	2
	0.0%	14.8%	40.7%	37.0%	7.4%
4. 不自然なはしゃぎ	1	7	9	6	3
	3.8%	26.9%	34.6%	23.1%	11.5%
5. 気分の浮き沈み	0	10	7	8	2
	0.0%	37.0%	25.9%	29.6%	7.4%
6. 大人に近づいたり離れたり不安定	0	8	13	5	1
	0.0%	29.6%	48.1%	18.5%	3.7%
7. 大人に対して、オーバーな甘えと無視	0	9	12	5	1
	0.0%	33.3%	44.4%	18.5%	3.7%
8. 大人に合わせていい子に振る舞う	2	12	10	2	1
	7.4%	44.4%	37.0%	7.4%	3.7%
9. 大人への甘えと反発が入り混ざる	0	5	10	9	3
	0.0%	18.5%	37.0%	33.3%	11.1%
10. 他の子に対するひがみ	0	5	10	5	7
	0.0%	18.5%	37.0%	18.5%	25.9%
11. 他の子が叱られるのを喜ぶ	3	13	7	3	1
	11.1%	48.1%	25.9%	11.1%	3.7%
12. なげやりで自分に無関心	4	13	8	1	1
	14.8%	48.1%	29.6%	3.7%	3.7%
13. 自分の外見や人目に無関心	2	18	6	1	0
	7.4%	66.7%	22.2%	3.7%	0.0%
14. 未来への関心ないし希望を持たない	6	9	8	3	1
	22.2%	33.3%	29.6%	11.1%	3.7%
15. 他の人から好かれると思っていない	3	9	10	5	0
	11.1%	33.3%	37.0%	18.5%	0.0%

（「2割程度」9施設33.3％、「4割程度」5施設18.5％、「6割程度」1施設3.7％）、「食欲の極端なむら」（「2割程度」16施設59.3％、「4割程度」3施設11.1％）、「極端な味付け（調味料のかけすぎ等）」（「2割程度」14施設51.9％、「4割程度」2施設7.4％）が目立つ（n=27施設）。その他、「生野菜が苦手（生野菜のにおいが苦手）」（「4割程度」4施設14.8％）、「食事量を決められていないと食べ過ぎになる」（「4割程度」6施設22.2％）、「大人数での食事が苦手」（「4割程度」6施設22.2％）等の状況が見られた。

　排泄困難に関しては「頻繁な便秘」（「2割程度」12施設44.4%、「4割程度」5施設18.5%）、「6割程度」1施設3.7%）、「頻繁な夜尿」（「2割程度」16施設59.3%）が目立ち、「中学生になっても夜尿が頻繁な子どもがいる」等の自由記述もあった（n=27施設）。

　身体感覚・身体症状に関しては「痛みに敏感」（「2〜4割程度」23施設85.2%、「8割以上いる」1施設3.7%）、「痛みに鈍感」（「2〜4割程度」19施設70.4%、「6割程度」1施設3.7%）等、触覚・痛覚に過敏・低反応を有する子どもが少なくない（n=27施設）。その他、「急な大きい音（怒鳴り声など）にストレスを感じる」（「2〜4割程度」22施設81.5%、「6割以上」5施設18.5%）、「声の大きさの調整が難しい」（「2〜4割程度」20施設74.0%、「6割以上」4施設14.8%）も目立つ。

　身体運動の困難に関しては「転びやすい、ボールが避けられない等の運動機能の困難」（「2割程度」16施設59.3%、「4割程度」4施設14.8%）、「運動発達の遅れ（年齢に比して極端に足が遅い等）」（「2割程度」15施設55.6%、「4割程度」1施設3.7%）と示された（n=27施設）。その他、「精密さや細かさを要求される作業が苦手」（「2割程度」13施設50.0%、「4割程度」10施設38.5%）や「真っ直ぐに座れず、椅子や壁にもたれかかってしまう」（「2割程度」13施設50.0%、「4割程度」5施設19.2%、「6割程度」3施設11.5%）等の困難も少なくないことが回答された（n=26施設）。

3. 児童心理治療施設における発達支援の動向と課題

　児童心理治療施設入所初期に多く見られる子どもの発達困難は「子どもや職員との対人関係に困難」10件、「入所・治療の動機付けが低くて対応が困難」7件等である（自由記述、n=30件）。具体的には「入所目的が明確化されていないために治療を受け入れない」「事前情報と入所してからの子どもの実態において大きく異なることがある」等が挙げられている。入所した子どもが通学を開始するまでの間に学校の教職員とケース会議が「行われている」施設は14施設60.9%に留まり、9施設39.1%では「行われていない」（n=23施設）。

　児童心理治療施設職員が入所の子どもへの対応において困っていることは「自己をコントロールできない」26件、「生活習慣ができていない」16件、「授

業や学習の問題」16件であった（複数選択、27施設回答、n=75件）。これを解決するために必要な取り組みとして、自由記述では「施設職員間での相談・連携」「学校・関係機関との相談・連携・スーパーバイズ」「職員の専門性向上」等が挙げられている。

　児童心理治療施設職員として子どもの発達支援において大切にしていることを問うと「被虐待や発達障害について理解し、寄り添う」16件が最も多く、次いで「愛着関係・コミュニケーション」15件、「子どもの立場で個性を伸ばす（主体性）」10件、「不適応行動等への適切な指導」10件、「子どもからの信頼」6件であった（複数選択、27施設回答、n=81件）。子どもの発達支援において実際に時間を費やしていることは「身の回りの世話（日常生活の支援）」「愛着関係・コミュニケーション」がいずれも13件で最も多かった（複数選択、27施設回答、n=79件）。

　児童心理治療施設入所時における学校の教職員との情報共有は「生育歴」17施設70.8％、「家族構成・入所経緯」4施設16.7％、「子どもの状態」3施設12.5％であり（n=24施設）、障害の有無、発達検査結果、生育歴等、子どもの発達支援に必要な基本情報を十分に共有できていない状況も示された。

　児童心理治療施設退所前における子どもの発達支援の留意点は「地域や移行先との連携・支援体制の構築」13件、「生活スキルの定着支援」6件、「退所に向けて子どもが意欲を持てるような話をする」4件、「退所に向けた段階的支援の工夫」3件、「入所時の主訴の解決についての検討」3件である（自由記述、n=30件）。

　児童心理治療施設の退所に向けた支援を「十分に行っている」1施設4.2％、「まあまあ行えている」15施設62.5％、「あまり行えていない」8施設33.3％であった（n=24施設）。自由記述でも「退所時期が児童の状態に関係なく決まる」「突然退所が決まり、不十分な治療のまま退所することが多い」等の声が示された。

　学校の教職員による退所後の子どもケアを「行う必要がある」と回答した施設は18施設81.8％であり（n=22施設）、「移行先の支援会議への参加や必要に応じた情報提供を行っている」7件、「学校としてフォローの必要性はあるが実施できていない」5件、「子どもが希望している場合のみ実施」2件であった

（自由記述、n=16件）。「行う必要がない」との回答には「施設のアフターケアは必要であるが学校のアフターケアは必要と考えていない」「不必要に児童のプライバシーまで入ってしまわないか心配」等が挙げられた。

　進路決定における児童心理治療施設・学校間の協働・連携について「三者協働ができている」22施設91.7%であり（n=24施設）、自由記述には「本人の意向を軸に施設・学校が協働して進路決定を行っている」7件、「施設が主導となるが学校・関係機関との連携も重要」3件と述べられている（自由記述、n=14件）。

　なお、2017年度卒業の中学生104名の進路先は高校65名62.5%、特別支援学校34名32.7%、専修学校等1名1.0%、就労4名3.8%であり、また高校生14名の進路先は専修学校等4名28.6%、就労10名71.4%で大学進学はゼロであった。

Ⅳ.考　　察

　児童心理治療施設における被虐待や障害を有する子どもの在籍率は他の児童福祉施設と比較して顕著に高く、厚生労働省の調査でも全国の児童心理治療施設入所児童1235名のうち被虐待経験のある児童879名72.1%、障害の診断がある児童900名72.9%である（厚生労働省雇用均等・児童家庭局：2015）。

　本調査においても、回答のあった27施設入所児童数679名のうち被虐待経験のある子どもは524名77.2%であり、被虐待・ネグレクト・不適切な養育等による人間不信等の対人関係困難、生活経験の乏しさ、学習空白、食や睡眠・生活リズムの困難、身体運動感覚の困難等、入所の子どもが抱える複合的な発達困難が明らかになった。

　厚生労働省雇用均等・児童家庭局（2014）は「心理的困難を抱え生きづらさを感じている子どもの治療・支援には、安全や安心を感じられるよう子どもに合わせた日課と個別の支援が必要」と指摘しているが、児童心理治療施設では子どもにおいて安心・安全感と信頼が形成されていくような生活保障の重要性を示している。

　増沢（2010）は、情緒障害児短期治療施設入所の子どもの対人関係面では

「関係の構築が困難な子どもが多く、他者との関係性は甘え、もしくは拒否の両極に動きやすい」こと、情緒行動面では「衝動のコントロールがつかない子どもが多く、物事に集中できず、周囲で起きていることに過敏に反応して落ち着きを失いやすい」こと、身体感覚面では「熱さや痛みなどの感覚が感じ取れない子どももおり、寒い日に薄着でいる、どれだけ食べても満腹感がない、足を骨折しているのに平気で走り回るなどといったことがみられる」と指摘する。さらに「着替えの習慣が身に付いていない」「排泄に関わる困難を有している」「食事の時間に座っていられない」「食具の利用に困難を有している」ことなども示されている。

　滝川ほか（2005）は、情緒障害児短期治療施設の被虐待児童において、睡眠では「ねつきが悪い」「夜中に目を覚ましやすい」、食では「極端な偏食」「食欲の極端なむら」、排泄では「頻繁な夜尿」「遺尿もしくは遺糞」、身体感覚では「痛みに敏感」「暑さ・寒さに鈍感」、身体運動では「微細な運動機能のまずさ」等の困難を明らかにしている。

　中田ほか（2011）は、社会的養護の下で暮らす子どもは自分ではどうにもできない衝動・不安・葛藤を抱えながら生活しており「日々の生活が安定し充実していることが、重要な意味を持つ」ため、食事・入浴・睡眠・日中の学校生活等の安定した基本的生活において獲得される習慣や感覚が、子どもの自立生活を営む上での基盤となることを述べている。

　発達障害当事者調査研究において、当事者は自律神経系・免疫系・内分泌系等の不調・不全に伴う身体症状、通常とは異なる身体運動感覚や食・睡眠・生活リズムの困難等を有する傾向にあるが、周囲からは困難として理解されにくいことが指摘されている（髙橋・田部ほか：2012、髙橋ほか：2014、田部・髙橋：2019、柴田・髙橋：2020）。

　本調査においても、入眠困難・中途覚醒・起床困難等の睡眠困難や生活リズム障害、極端な偏食・過食・食欲のむら等の食の困難、便秘・夜尿等の排泄困難、身体感覚運動等の各種の発達困難が明らかになった。被虐待・ネグレクト等による不安・抑うつ・ストレス等が影響して夜驚の頻度が高くなることや昼夜逆転のケースも見られる。

　児童心理治療施設においては心理治療を主軸とするところが多いが、入所以

前の生育・生活において安心・安全が保障されぬまま養育されてきたケースも
多く、衣食住や睡眠等の成長・発達の基盤に関する発達困難について丁寧に把
握しつつ、衣食住や睡眠等の成長・発達の基盤を充実させていくことが発達支
援において不可欠である。

　児童心理治療施設職員として子どもの発達支援において大切にしていること
には「被虐待や発達障害について理解し、寄り添う」「愛着関係・コミュニケー
ション」「子どもの立場で個性を伸ばす（主体性）」「子どもからの信頼」等が
挙げられたが、生活のケアやコミュニケーションを通し、関係性を育む中で子
どもの発達支援にあたる様子がうかがえた。

　本調査において児童心理治療施設入所の子どもの特徴として「衝動的」「不
自然なはしゃぎ」「気分の浮き沈み」「大人への甘えと反発」「他の子に対する
ひがみ」「他の人から好かれると思っていない」等が明らかになった。八木ほ
か（2009）の情緒障害児短期治療施設入所の被虐待経験・発達障害を有する子
どもの行動特徴調査では「他者に対する挑発」「衝動性のコントロールが弱い」
「他者を攻撃する」「不平や不満の訴えが過剰」「認知的に非常に過敏であり、
不安が強い」等が示されたが、本調査結果においても同様の特徴が示されてい
る。

　職員が子どもの対応において困っていることとして「自己をコントロールで
きない」「生活習慣ができていない」「授業や学習の問題」等が示され、その対
応として「施設職員間での相談・連携」「学校・関係機関との相談・連携・スー
パーバイズ」「職員の専門性向上」等が挙げられたが、多職種連携により子ど
もを多面的に支援する必要性が示された。

Ⅴ．おわりに

　本稿では、全国の児童心理治療施設の職員調査を通して、児童心理治療施設
に入所する子どもが有する多様な発達困難の実態と発達支援の課題について検
討した。

　児童心理治療施設入所の子どもにおいては被虐待・ネグレクト・いじめられ
経験を有する子どもが多数を占め、被虐待・ネグレクト・いじめられ経験は

「衝動的」「不自然なはしゃぎ」「気分の浮き沈み」「大人への甘えと反発」「他の子に対するひがみ」「他の人から好かれると思っていない」等の子どもの行動特徴として顕在化していた。さらに、食・睡眠・生活リズムの困難、排泄困難、身体感覚運動困難、身体症状等としても身体化していた。

　児童心理治療施設において子どもの抱える重層的な発達困難を支援していくためには、衣食住や睡眠などの成長・発達の基盤を充実させ、そうした安心・安全な生活の保障のもとに学校教育と連携・協働した発達支援を行うことが不可欠である。

　今後の研究課題は、児童心理治療施設入所の子ども本人が求める支援ニーズを聴き取る調査を実施し、それをふまえた発達支援の具体化についての検討を行うことである。

文献

厚生省（1963）『厚生白書（昭和 37 年度版）』。

厚生労働省雇用均等・児童家庭局家庭福祉課（2014）『情緒障害児短期治療施設（児童心理治療施設）運営ハンドブック』。

厚生労働省雇用均等・児童家庭局（2015）児童養護施設入所児童等調査結果（平成 25 年 2 月 1 日現在）。

増沢高（2010）情緒障害児短期治療施設の治療的援助と子どもたちの姿、『家庭裁判月報』第 62 巻 7 号、pp. 1-58。

村松健司（2018）『施設で暮らす子どもの学校教育支援ネットワーク—「施設−学校」連携協働による困難を抱えた子どもとの関係づくりと教育保障—』福村出版。

内藤千尋・田部絢子・髙橋智（2013）自立に困難を抱える発達障害青年の実態と支援の課題—全国自立援助ホーム職員調査を通して—、『SNE ジャーナル』第 19 巻 1 号、pp.175-186。

中田基昭・大塚類・遠藤野ゆり（2011）『家族と暮らせない子どもたち—児童福祉施設からの再出発—』新曜社。

大迫秀樹（2017）社会的養護を要する児童に対する児童福祉施設の動向と今後の展望：乳児院、児童養護施設、児童心理治療施設、児童自立支援施設における被虐待児・発達障害児に対する治療的養育・心理的ケアの視点を中心に、『九州女子大学紀要』第 54 巻 1 号、pp.35-52。

柴田真緒・髙橋智（2020）『発達障害当事者の睡眠困難と発達支援の研究』風間書房。

田部絢子・髙橋智（2019）『発達障害等の子どもの食の困難と発達支援』風間書房。

髙橋智・田部絢子・石川衣紀（2012）発達障害の身体問題（感覚情報調整処理・身体

症状・身体運動）の諸相―発達障害の当事者調査から―、『障害者問題研究』第 40
　巻 1 号、pp.34-41。

髙橋智・内藤千尋・田部絢子（2012）児童自立支援施設における発達障害児の実態と
　支援に関する調査研究―全国児童自立支援施設調査から―　、『SNE ジャーナル』第
　18 巻 1 号、pp.8-21。

髙橋智・井戸綾香・田部絢子・石川衣紀・内藤千尋（2014）発達障害と「身体の動き
　にくさ」の困難・ニーズ―発達障害の本人調査から―、『東京学芸大学紀要総合教
　育科学系 II』第 65 集、pp.23-60。

滝川一廣・四方燿子・高田治・谷村雅子・大熊加奈子（2005）児童虐待に対する情緒
　障害児短期治療施設の有効活用に関する縦断研究―2000 年から 2004 年に亘る縦断
　調査の報告―、『子どもの虹情報研修センター紀要』第 3 巻、pp.93-113。

滝川一廣・髙田治・谷村雅子・全国情緒障害児短期治療施設協議会（2016）『子ども
　の心をはぐくむ生活―児童心理治療施設の総合環境療法―』東京大学出版会。

八木修司・藤原慶二・中村有生（2009）情緒障害児短期治療施設に入所する被虐待児
　童の行動特徴について、『関西福祉大学社会福祉学部研究紀要』第 12 巻、pp.267-
　276。

162　　　　　　　SNE ジャーナル，26(1)，2020，162 - 175

報　告

都道府県及び中核市の教職員研修センターにおける
病弱教育に関する研修の実施状況
―指導法改善や教育課程編成に向けた校外研修のあり方―

田中 亮

(長野県塩尻市立塩尻東小学校)

奥住 秀之

(東京学芸大学)

Ⅰ．はじめに

　近年、病弱教育の領域においては、様々な課題や教育情勢の変化が注目されてきている。平成30年度に全国特別支援学校長会が実施した実態調査のデータから病弱特別支援学校が課題とした内容を分類すると、「授業づくり・指導・教育課程」「学校組織体制・学校運営」「病院・保護者等との連携」「教職員の専門性向上」「ICT・ネットワーク環境の活用」「センター的機能」が挙げられている（柴垣2020）。他には、心身症・精神疾患の児童・生徒の在籍の急増と指導・支援の充実が急務とされている点をはじめとして（田口・橋本・川池2013; 上野2018）、病気療養中の高校生への教育的支援の体制構築、災害時の対応マニュアル策定などが、病弱教育に関する喫緊の課題として挙げられてい

キーワード

病弱教育　Education for Persons with Health Impairments
教職員研修　Faculty Training
指導法　Teaching Method
教育課程　Educational Course

る（独立行政法人国立特別支援教育総合研究所2017）。また、入院の短期化・頻回化傾向から多くの病気の子どもたちは通常の学級で学ぶようになってきており、小・中学校に準ずる教育課程で学ぶ病気の児童・生徒のための小・中学校学習指導要領改訂への対応や通常の学級の教職員の理解の必要性が生じてきていることも指摘されている（副島2018; 田中・奥住・池田2019）。

　このように多岐に渡る病弱教育に関する課題や情勢の変化に対応していくための資質を教職員が身に付けるには、学び続ける教師の視点を重視しつつ（文部科学省2012）、病気の子どもの教育や医療に関する教職員研修の体系化や内容の充実を図っていくことが重要な視点となり得るという提言が奥住（2018）によってなされている。

　そこで、病弱教育に関する教職員研修についてみると、武田・筺・矢吹・原（1997）により、全国的な調査が行われ、その実態と今後の推進の必要性が指摘されている。榊（2007）や関根・小出（2009）は、校内研修の充実を図ることで生じる専門性向上や支援体制構築の成果と課題を報告している。近年では、全国特別支援学校病弱教育校長会（2012）、独立行政法人国立特別支援教育総合研究所（2017）により、インクルーシブ教育システム・共生社会を視野に入れた研修推進のために、病気の子どもを担任する教員や特別支援教育コーディネーター向けの研修資料が示されている。森山・深草・新平（2017）は、独立行政法人国立特別支援教育総合研究所が開発した「病気の子どもの教育支援ガイド」を活用した研修を行い、研修参加者のニーズに応えることができたという成果と、今後は、パッケージ化された病弱教育に関する研修資料を活用し、全国の教職員研修センターや病弱特別支援学校において一層の病弱教育に関する研修を実施していく重要性を指摘している。

　このようななか、田中（2020a）は、小学校における病弱教育に関する教職員研修の実施状況を調査した。その結果、校内研修は、多くの小学校において、校内の児童に関する情報共有を研修として捉えている傾向が高かった。小学校においては、具体的な支援内容の検討は、「事例検討」として行われ、校内委員会としても捉え得ることが想定されるが（奥住2018）、田中（2020a）の結果を鑑みると、具体的な支援内容の検討の段階まで行われている学校は少なく、研修内容を深化させる段階には至っていない可能性が少なからず推察さ

れた。また、校外研修については、受講した教職員が非常に少ない現状があるが、これは校外における研修の機会自体が少ないことが要因である可能性が示唆されており、さらなる校内研修の充実のためには、病弱教育に関する最新の知見を得ることができる校外研修の実施とその受講の提案が考えられる。

　しかし、病弱教育に関する校外研修について全国的な調査は近年なされておらず、様々な情勢の変化や課題の焦点化が著しい昨今の流れを鑑みると、さらなる調査・検討が必要である。そこで、本研究では、全国の都道府県及び中核市の教職員研修センターにおける病弱教育に関する指導法改善や教育課程編成に向けた研修の実施状況について明らかにし、今後の病弱教育に関する教職員研修の在り方を検討することを目的とする。なお、今津（2012）と田川（2016）は、教職員研修を①法定研修（初任者研修・10年経験者研修・指導改善研修）、②教職員研修センター等で企画・開催している法定研修以外の研修、③校内研修、④教職員団体・民間教育研究団体による自主的・個人的研修　の4つに分類しているが、本研究では、「①法定研修のうち教職員研修センターが企画・開催している研修」、並びに「②教職員研修センター等で企画・開催している法定研修以外の研修」について取り上げることとする。

Ⅱ．方　　法

1．調査期間
2020年1月下旬に質問紙を発送し、同年3月下旬までを回収期間とした。

2．調査対象
　全国特別支援教育センター協議会に加盟する都道府県・中核市に所在する教職員研修を担当する機関であるいわゆる教職員研修センターにおいて病弱教育の研修を担当する指導主事を対象に、自記・無記名式質問紙による調査を行った。質問紙の配布は、郵送委託法にて行い、回収についても同様に同封した返信用封筒にて行った。なお、配付は69部、回収数は46部（回収率69.3％）、有効回答率は100％だった。

3. 調査内容

　質問紙の冒頭で、病弱教育に関する研修について聞くことを明示した上で、具体的な項目は、1. 病弱教育に関する教員研修が企画・開催されましたか（「はい」「いいえ」「公表できない」の3件法）　2. 研修講座の詳細について教えてください　①講座名（講座名を記述）　②受講者の職階（「校長」「教頭」「指導主事」「教諭」「養護教諭」の中から該当するものを複数選択）③研修参加者

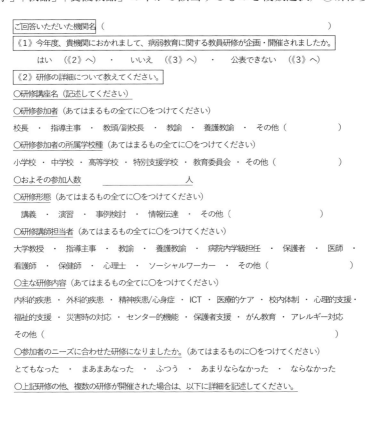

ご回答いただいた機関名（　　　　　　　　　　　　　　　　　　　　　）

《1》今年度、貴機関におかれまして、病弱教育に関する教員研修が企画・開催されましたか。

　　　はい　（《2》へ）　・　いいえ　（《3》へ）　・　公表できない　（《3》へ）

《2》研修の詳細について教えてください。

○研修講座名（記述してください）

○研修参加者（あてはまるもの全てに○をつけてください）

校長　・　指導主事　・　教頭/副校長　・　教諭　・　養護教諭　・　その他（　　　　　）

○研修参加者の所属学校種（あてはまるもの全てに○をつけてください）

小学校　・　中学校　・　高等学校　・　特別支援学校　・　教育委員会　・　その他（　　　　）

○およその参加人数　　　　　　　　　　　　　　人

○研修形態（あてはまるもの全てに○をつけてください）

　講義　・　演習　・　事例検討　・　情報伝達　・　その他（　　　　　　　　　）

○研修講師担当者（あてはまるもの全てに○をつけてください）

大学教授　・　指導主事　・　教諭　・　養護教諭　・　病院内学級担任　・　保護者　・　医師　・

看護師　・　保健師　・　心理士　・　ソーシャルワーカー　・　その他（　　　　　　　　）

○主な研修内容（あてはまるもの全てに○をつけてください）

内科的疾患　・　外科的疾患　・　精神疾患/心身症　・　ICT　・　医療的ケア　・　校内体制　・　心理的支援・

福祉的支援　・　災害時の対応　・　センター的機能　・　保護者支援　・　がん教育　・　アレルギー対応

その他（　　　　　　　　　　　　　　　　　　　　　　　　　　　　）

○参加者のニーズに合わせた研修になりましたか。（あてはまるものに○をつけてください）

とてもなった　・　まあまあなった　・　ふつう　・　あまりならなかった　・　ならなかった

○上記研修の他、複数の研修が開催された場合は、以下に詳細を記述してください。

《3》令和2年度、貴機関では病弱教育の研修が行われる予定はありますか

　　はい　→講座名（　　　　　　　　　　　　　　　　　　　　　）　・　いいえ

資料1　調査票の概要

の所属学校種（「小学校」「中学校」「高校」「教育委員会」の中から該当するものを複数選択）　③受講人数（人数を記述）　④研修形態（「講義」「演習」「事例検討」「情報伝達」「研究授業」）の中から該当するものを選択）　⑤研修内容（「内科的疾患」「外科的疾患」「精神疾患・心身症」「ICT」「医療的ケア」「校内体制」「心理的支援」「福祉的支援」「災害時の対応」「センター的機能」「保護者支援」「がん教育」「アレルギー対応」「指導法」「自立活動」「教育課程」の中から該当するものを選択）　⑥次年度の実施予定（「はい」「いいえ」の2件法）であった。

　なお、研修内容の項目については、独立行政法人国立特別支援教育総合研究所（2017）、全国特別支援学校病弱教育校長会（2012）において示されている病弱・身体虚弱教育に関する具体的な教職員研修の実践例、奥住（2018）による医療関係者による教職員研修に関する提言を参考に調査項目を作成した。調査票については、**資料1**に示した。

4. 倫理的配慮

　質問紙は無記名とし、回答は任意であること、データは統計的に集約され、機関名や回答者が特定されないかたちで使用することを文面に示した。回収に際しては、個々の回答者が個別の返信用封筒に入れ密封してもらった。

Ⅲ. 結　果

　表1は病弱教育の研修講座の企画・開催の有無の回答結果である。回答のあった46機関のうち、27機関（58.6%）において研修講座を企画・開催していた。総講座数は、39講座であった。一方、19機関（41.3%）においては、企画・開催がなされていなかった。

表1　企画・開催の有無

企画・開催している	27機関（全39講座）	58.6%
企画・開催していない	19機関	41.3%

　表2は、企画・開催された研修講座の属性と講座の名称についての回答結果である。開催されていた39講座のうち、10講座（25.6%）が初任者研修や中堅教諭等資質向上研修など教育公務員特例法に基づく法定研修の一環として行

表2　研修講座の属性と名称

（　）内は講座数

講座の属性	講座数	割合	講座名
法定研修	10講座	25.6%	中堅教諭等資質向上研修（2） 特別支援学校初任研講座 特別支援学校初任者研修・病弱教育の基礎基本 特別支援学校初任者研修 初任者研修 特別支援学校初任者研修 初任者研修（特別支援学校） 初任者研修（特別支援学校） 「病弱・身体虚弱の子どもの理解と支援」 新規採用養護教諭研修「特別支援学校の教育」
自治体独自の悉皆研修（新担任者研修）	11講座	28.2%	特別支援学級等新任担当教員研修会（2） 新任特別支援教育担当教員研修会（2） 特別支援学級新担任基礎研修 新任特別支援学級担任研修 新担当特別支援学級教員研修（病弱） 特別支援学級新担任研修会 特別支援教育新担当教員研修講座 特別支援学級新担当教員研修講座障害部門別講義 新任特別支援学級担当教員等研修病弱学級担当講座
希望研修	18講座	46.2%	病弱教育研修（2） 病弱・虚弱教育講座 特別支援学級担当教員研修① 「病弱教育」講座 自立活動研修講座・特別支援学校専門コース （肢体不自由・病弱） 小・中学校等特別支援教育研修講座 特別支援学校専門性向上研修講座 （肢体不自由・病弱部会） 特別支援学校授業力アップ研修講座 特別支援学校における授業づくり（身体虚弱） 合理的配慮テーマ別研修・肢体不自由のある子どもへの 指導と支援（病弱教育に関する内容を含む） 病気や障害のある子どもの理解と支援 自立活動研修会 訪問教育等担当教員研修会 基礎形成期教員向け病弱教育研修 医療的ケア研修 医学一般研修（基本研修） 特別支援教育基礎講座（病弱虚弱児の教育）

われていた。11講座（28.2%）が新しく特別支援学校や特別支援学級に任用された教職員を対象にして行う研修（以下、新任者研修とする）として行われていた。18講座（46.2%）は受講を希望する教職員を対象とする希望研修（以下、希望研修とする）として行われていた。

　表3は、研修講座の参加人数である。受講者数の中央値は、30.0人、最大108人、最少は1人であった。

表3　1講座あたりの研修受講者数 (人)

中　央　値	30
最　大　値	108
最　小　値	1

　表4は、受講対象であった教職員の職階の回答結果である。教諭を対象とした講座は、38講座（全39講座のうち97.4%）、養護教諭を対象とした講座は7講座（同17.9%）、校長、教頭を対象とした講座は各3講座（同7.7%）、指導主事を対象とした講座は2講座（同5.1%）、その他、寄宿舎指導員や支援員を対象とした講座は2講座（同5.1%）であった。

表4　研修受講対象者の職階 (複数回答可)

	教諭	養護教諭	校長	教頭	指導主事	その他	
講座数	38	7	3	3	2	2	(講座)
割合	97.4	17.9	7.7	7.7	5.1	5.1	(%)

　表5は、受講対象であった教職員の所属の回答結果である。特別支援学校に所属する教職員を対象とした講座は、26講座（全39講座のうち66.7%）、小学校に所属する教職員、中学校に所属する教職員を対象とした講座は、25講座（同64.1%）、高校に所属する教職員を対象とした講座は、11講座（同28.2%）、教育委員会に所属する教職員を対象とした講座は2講座（同5.1%）であった。

表5　各研修講座において対象とする教職員の所属先 (複数回答可)

	特別支援学校	小学校	中学校	高校	教育委員会	
講座数	26	25	25	11	2	(講座)
割合	66.7	64.1	64.1	28.2	5.1	(%)

　表6は、研修形態の回答結果である。講義は35講座（全39講座のうち89.7％）、演習は21講座（同53.8％）、事例検討は7講座（全39講座のうち17.9％）、研究授業は5講座（同12.8％）、情報伝達は4講座（同10.3％）であった。

表6　研修形態

（複数回答可）

	講義	演習	事例検討	研究授業	情報伝達	
講座数	35	21	7	5	4	（講座）
割合	89.7	53.8	17.9	12.8	10.3	（％）

　表7は、研修講師の属性の回答結果である。指導主事は20講座（全39講座のうち51.3％）、教諭は18講座（同46.2％）、大学教授は14講座（同35.9％）、医師及び看護師は3講座（同7.7％）、養護教諭、理学療法士及びソーシャルワーカーは1講座（同2.6％）であった。なお、大学教授の項目については、准教授という付記のある回答が存在したが、研究職という意味合いを含んだ回答となっていると本研究においては判断し、大学教授に分類することにした。

表7　研修の講師の属性

（複数回答可）

	指導主事	教諭	大学教授	医師	看護師	養護教諭	理学療法士	ソーシャルワーカー	
講座数	20	18	14	3	3	1	1	1	（講座）
割合	51.3	46.2	35.9	7.7	7.7	2.6	2.6	2.6	（％）

　表8は、研修内容の回答結果である。校内体制に関する内容は17講座（全39講座のうち43.6％）、指導法に関する内容は16講座（同41.0％）、医療的ケアに関する内容は15講座（同38.5％）、病弱児の心理とその支援に関する内容は14講座（同35.9％）、心身症・精神疾患に関する内容は12講座（同30.8％）、内科的疾患に関する内容は11講座（同28.2％）、ICT機器の活用に関する内容は10講座（同25.6％）、保護者支援に関する内容は8講座（同20.5％）、特別支援学校のセンター的機能に関する内容は7講座（同17.9％）、外科的疾患に関する内容は6講座（同15.4％）、自立活動に関する内容は5講座（同12.8％）、教育課程に関する内容及び福祉的な支援に関する内容は4講座（同10.3％）、

がん教育に関する内容、個別指導計画・個別の教育支援計画に関する内容及び
アレルギー疾患に関する内容は3講座（同7.7%）、災害時の対応は2講座（同
5.1%）であった。

表8　研修講座の内容
(複数回答可)

	校内体制	指導法	医療的ケア	心理的支援	心身症・精神疾患	内科的疾患	ICT機器の活用	保護者支援	
講座数	17	16	15	14	12	11	10	8	(講座)
割合	43.6	41.0	38.5	35.9	30.8	28.2	25.6	20.5	(%)

	センター的機能	外科的疾患	自立活動	福祉的支援	がん教育	アレルギー対応	災害時の対応	
講座数	7	6	5	4	3	3	2	(講座)
割合	17.9	15.4	12.8	10.3	7.7	7.7	5.1	(%)

　表9は、次年度の病弱教育に関する研修の企画・開催の計画の有無の回答結
果である。調査年度に病弱教育に関する研修の企画・開催をしており、なおか
つ次年度に研修の企画・開催をする計画がある機関は24機関、調査年度に研
修の企画・開催をしたが、次年度企画・開催をしない機関は3機関であった。
なお、そのうちの1機関は、言語障害、肢体不自由、病弱・身体虚弱に関する
研修を3カ年サイクルで実施しているということが回答に付記されてあった。
調査年度に病弱教育に関する研修の企画・開催がされておらず、なおかつ次年
度にも研修の企画・開催をする計画がない機関は19機関、調査年度に研修の
企画・開催がなく、次年度の企画・開催の計画がある機関は3機関であった。

表9　調査年度と次年度の企画・開催の有無

	調査年度に企画・開催が行われた	調査年度に企画・開催がなかった
次年度企画・開催する予定がある	24	1
次年度企画・開催する予定はない	3	19

IV.　考　　察

　本研究の目的は、全国の都道府県及び中核市の教職員研修センターにおける病弱教育に関する研修の実施状況について調査を行い、指導法改善や教育課程編成に向けた研修講座のあり方を検討することであった。そこで、回答の傾向から今後の課題を考察していく。

　まず、企画・開催の有無について着目すると、調査対象が都道府県及び中核市における教職員研修の中核を担う機関であったが、研修講座が企画・開催されている機関は半数をやや超える程度であった。この点から、全国各地で多くの病弱教育に関する研修が実施されているとは言い難い状況が示唆された。また、調査年度に研修講座を企画・開催した機関のほとんどは、次年度も同様の研修講座の実施計画があった。他の多くの教育課題がある中で、継続して病弱教育に関する研修が実施されることから、一定の成果が確認され、次年度の企画・開催につながっている可能性が推測された。一方、調査年度に研修講座が企画・開催されていなかった機関のほとんどは、次年度もなされていなかった。病弱教育に関する課題や教育情勢の変化を鑑みると、すべての学校で病気の児童生徒とその指導・支援に関する最新の知見を有することは必須とも言える中で、現在企画・開催がなされていない教職員研修センターにおいては、今後の企画・開催に向けた検討が必要であろう。

　研修講座の属性については、法定研修、特別支援学校や特別支援学級新任者研修、希望研修の3つに分類された。希望研修については、企画・開催は約半数の機関においてなされており、病気の児童を担任している教職員や関心のある教職員などがそのニーズに合わせて受講できるように計画されていた。肢体不自由や医療的ケアと関連付けて実施される場合や他の障害に関する内容と合わせて3カ年サイクルで実施する場合もあり、研修体系の工夫が行われている機関も見られた。一方、受講者数が一桁台という少ない研修講座もあった。病弱教育の研修を受講していない教職員も多いことが示唆され、今後は、受講者数増加が課題として考えられた。文部科学省中央教育審議会（2012）では、学び続ける教師の重要性を示しており、希望研修の充実は重要な視点と言えよ

う。勤務している学校の体制、担任している児童生徒の実態、教職員のキャリアステージ等の受講者のニーズに合わせた病弱教育の希望研修の企画・開催が望まれていることが伺える。

受講対象とする教職員の学校種については、主に小・中学校、とりわけ特別支援学級の担任や特別支援学校の教職員を対象としている講座が多かった。一方、高校の教職員を対象とする研修講座は少なかった。現在、病気の子どもの学びの場は、特別支援学校や特別支援学級だけでなく、通常の学級や高校に広がりを見せている（関2018; 田中2020b）。特に、Adolescent & Young Adult（思春期・若年成人）世代のがん患者については、医療の領域において、ライフイベントや環境等に応じて行う治療と支援が注目されているが（三善2018）、教育の側面としても治療中や寛解後の教育的支援の充実していくことが急務とされている。実際に、医療者・保護者・教育者の三者の連携を組織化し、支援を実践にしている学校も増加傾向にある（武田・古井・武田・櫻井・丸2017; 新平・森山・深草2017）。小学校・中学校の通常の学級や高校の教職員が病弱教育の研修講座を受講し、最新の知見を得る必要性は増してきていると言え、この点を考慮した企画・開催の必要性が示唆された。

受講対象とする教職員の職階については、多くの研修講座において教諭職を対象としており、管理職や教育委員会に在籍する教職員を対象とした研修の企画・開催はごくわずかであった。病気の児童生徒の支援体制を構築するにあたって喫緊の課題として挙げられているものの中には、学級担任のみの取り組みではなく、学校全体もしくは自治体全体で体制や取り組みを整え、改善していく必要がある内容が少なからずある。今後は、受講対象を広げていく必要性が考えられる。

研修形態については、多くの講座で講義の形態がとられ、研究授業はほとんど行われていなかった。この背景については、体調や治療方針に合わせた流動的な授業計画、感染症罹患の防止等が要因として推察され、病弱教育の特徴を表し得るものであろう。

研修の担当講師については、研修センターや教育委員会に所属する指導主事だけではなく、約4割の研修講座では教諭職が講師を担当していた。これについては、実際に病気の子どもへの指導に日常的に携わっている教職員、過去に

病気の子どもの担任をした経験がある教職員、病弱特別支援学校の特別支援教育コーディネーターの教職員等が推察された。

　ほかには、指導主事が講師となる研修講座も多く、これについては、教職員研修センターと文部科学省や独立行政法人国立特別支援教育総合研究所等とが連携しながら、指導主事の専門性向上を図ることも合わせて考えていく必要も考えられる。

　一方、医師や看護師、理学療法士等の医療従事者やソーシャルワーカー、心理士等の福祉職や心理職を講師として招聘した研修講座は少なかった。多職種連携・協働を視野に入れたチームとしての学校の考え方が盛んに叫ばれているが（文部科学省中央教育審議会2016）、様々な視点から病気の子どもへの支援に関する最新の知見について教職員が学ぶ機会を設けることは重要な視点のひとつであろう。

　現在、病弱教育は学びの場、教育方法、学ぶ対象のそれぞれが広がりを見せている（丹羽2017; 川池2019; 新平・森山・深草2017）。本研究では、校内体制、指導法、医療的ケア、心身症・精神疾患、ICT機器の活用に関する内容の研修講座が企画・開催されている機関が確認され、研修内容の広がりが見られていることが推察された。しかし、研修の実施機関と講座数は、決して多いとは言えない。また、自立活動、がん教育、災害時の対応など、近年の病弱教育において注目されつつあるトピックについての割合は非常に低く、さらなる研修内容の広がりが講座の充実につながることが示唆された。

　なお、本調査における回答の中に、教職員研修センターから病弱特別支援学校に研修を委託している自治体があった。教職員研修センターに加えて、地域の中核を担う病弱特別支援学校がセンター的機能を活用して地域の小学校・中学校・高等学校等の教職員に向けた研修を実施している可能性が考えられる。ほかにも、法定研修である初任者研修や初めて特別支援学校や特別支援学級に配属された教職員向けの新任者研修において、病弱教育を学ぶ機会を設けている機関が多くあった。特別支援教育に携わる教職員が病弱教育を理解していることを重視する自治体が存在していることが伺えるが、この点に関する詳細な検討は、本研究の範囲を超えており、初任者研修や新任者研修に焦点を絞った病弱教育に関する研修の実施状況についての調査は、今後の研究に待ちたい。

　また、校外研修の受講者が、所属校での病気の児童生徒への指導法の改善、教育課程編成において、校外での研修内容をどのように活かしているかについてはわかっていない。これは校外研修の成果とも言える部分であり、病弱特別支援学校や病弱・身体虚弱特別支援学級における専門性のさらなる蓄積、病気の児童生徒への支援体制が未整備の状況にある小中学校・高等学校等における専門性の担保という観点からも、校外研修の在り方については、さらなる詳細な検討が必要であろう。

　今後は、各自治体における企画・開催、希望研修の充実、管理職や教育委員会、高等学校の教職員等これまで対象とすることが少なかった職階や学校種を対象とした研修の実施、多職種との連携などを視野に入れることが校外研修の課題として考えられた。病弱教育に関する教育情勢や課題、教職員のニーズを踏まえ、学び続ける教師の視点を持ちつつ、より一層の研修体系の確立や内容の充実を図ることが求められてきていると言えよう。

付記
　本論文執筆にあたり、本稿第一筆者の管理者に承諾を得ている。また、本研究にご協力いただきました教職員研修センターの職員のみなさまに記して感謝の意を表します。

文献
独立行政法人国立特別支援教育総合研究所編著（2017）病気の子どもの教育支援ガイド．ジアース教育新社．

今津孝次郎（2012）教師が育つ条件．岩波新書．

川池順也（2019）病気がある児童生徒の ICT を活用した授業実践．育療，(64)，19-23.

三善陽子（2018）AYA 世代がん患者の治療とその問題点．ファルマシア，54(12)，1114-1118.

文部科学省中央教育審議会（2012）初等中等教育分科会（第80回）配付資料．

文部科学省中央教育審議会（2016）初等中等教育分科会（第102回）配付資料．

森山貴史・深草瑞世・新平鎮博（2017）平成28年度病弱班における研究成果普及活動の報告―地域における「病気の子どもの教育支援ガイド（試案）」を活用した研修を中心に―．国立特別支援教育総合研究所ジャーナル，6，18-23.

新平鎮博・森山貴史・深草瑞世（2017）小児がんのある高校生等の教育に関する調査報告．国立特別支援教育総合研究所ジャーナル，6，6-11.

丹羽登（2017）小児医療の進歩に伴う病弱教育の変化と課題．教育学論究，9(2)，191-

192.

奥住秀之（2018）特別支援教育における医療との連携．教育と医学，784, 80-87.

榊忠幸（2007）病弱教育担当教員の専門性―校内研修の取り組みから―．育療，（39），4-6

関由起子（2018）入院中の子どもたちの学校教育の現状と課題―高校生への学習支援の試みとその評価―．日本小児血液・がん学会雑誌，55(2), 148-152.

関根一美・小出忠（2009）一人一人のニーズに応じた支援と関係機関との連携―校内研修での取組を通して．育療，45, 24-27.

柴垣登（2020）病弱特別支援学校の今日的な課題についての考察―全国病弱特別支援学校実態調査から―．立命館教職教育研究，7, 45-54.

副島賢和（2018）病気の子どもへの教育における大きな課題―院内学級における難病児教育の現状―．教育と医学，784, 44-50.

田川隆博（2016）「学び続ける教員」についての論点―二つの中教審答申の検討から―．名古屋文理大学紀要，17, 55-58.

田口禎子・橋本創一・川池順也（2013）特別支援学校（病弱）における教育的支援の現状に関する調査発達障害支援システム学研究．12(1), 37-44.

武田鉄郎・古井克憲・武田陽子・櫻井育穂・丸光恵（2017）小児がん，AYA 世代がん患者に対する教育的対応と教員の困難感に関する検討．和歌山大学教育学部紀要，67, 35-41.

武田鉄郎・篁倫子・矢吹和美・原仁（1997）病弱教育担当教職員の専門性の向上を目指す研修に関する全国調査．国立特殊教育総合研究所研究紀要，(24), 111-116.

田中亮（2020a）小学校における病弱教育の指導方法・教職課程編成に関する校内研修―病気の子どもの在籍状況による分析―，病気の子どもの医療と教育，26(35), 26-33.

田中亮（2020b）小学校における慢性疾患を有する子どものための校内支援体制―医療・看護と教育との連携を中心に―．小児看護，43(3), 373-379.

田中亮・奥住秀之・池田吉史（2019）入院児童の教育を支える多職種連携・協働の成果と課題―医療・教育・保育の連携を基盤に．上越教育大学特別支援教育実践研究センター紀要，25, 37-42.

上野良樹（2018）病弱特別支援学校における病類変化と支援の現状についての全国調査．小児の精神と神経，58(1), 47-54.

全国特別支援学校病弱教育校長会（2012）特別支援学校の学習指導要領を踏まえた病気の子どものガイドブック．ジアース教育新社.

書評

柴田真緒・髙橋智著

『発達障害当事者の睡眠困難と発達支援の研究』

（風間書房、2020年）

評者：池田 吉史（上越教育大学）

　本書は、著者らの研究室において2014年から足かけ7年に亘って取り組んできた当事者調査研究の成果をまとめたものである。著者らは、長年、「当事者のニーズと周囲の理解・支援のミスマッチやパターナリズムをなくしていくためには、周囲から気づかれにくい困難や支援のあり方を当事者と一緒に究明していくことが肝要であり、またそのことが当事者を大きくエンパワメントし、当事者の回復や発達につながる発達支援になる」という信念に基づいて、当事者の声を明らかにする当事者調査研究に取り組み続けている。著者らは、これまでに多岐にわたるテーマで当事者調査研究を行っており、発達障害を対象とした研究だけでも「障害理解、学校不適応、感覚過敏・低反応、自律神経系・免疫系・内分泌代謝等の不全・不調に伴う各種の身体症状、身体の不器用、体育・スポーツの困難、皮膚感覚、食の困難、触法・非行、生きづらさ、SNS依存」等の多くの問題にアプローチしている。本書は、その一連の研究に位置づけられるものである。

　本書のテーマは、発達障害者の睡眠困難である。睡眠は、当然ながら我々の心身の健康にとってきわめて重要である。不眠症や過眠症、概日リズム睡眠障害といった睡眠障害は、代謝異常・免疫力低下などの身体疾患やうつ病や不安障害などの精神疾患のリスクを高めることが知られている。また、慢性的な睡眠不足も我々の生活に大きな影響をもたらす。睡眠不足が続くことによって、肌荒れや高血圧などの身体面への悪影響や、イライラしやすい、衝動的になりやすいといった感情面への悪影響、学習能力が低下する、創造力が働かないといった認知面への悪影響が現れやすくなることが明らかにされている。特に、思春期の子どもは睡眠不足に陥りやすいことが指摘されている。乳幼児期の睡

眠パターンは早寝早起きの朝型であるが、年齢とともに入眠時間が遅くなる傾向があり、思春期には遅寝遅起きの夜型になる。入眠時間の変化に関わらず、社会の起床時間は変わらないため、思春期の子どもは概して睡眠不足に陥りやすいのである。現代社会では、生活様式の変化から生活の夜型化が進行しており、子どもたちは以前より大きな睡眠困難のリスクを抱えている。発達障害の存在は、これらの睡眠困難に対するリスクをさらに増大させると考えられるが、その実態はこれまでに十分に明らかにされているとは言えない。そのため、本書の知見は、発達障害者の睡眠困難に関する貴重なエビデンスになると同時に、支援方法への示唆を含む点できわめて意義深い。

　本書は、発達障害者の睡眠困難の実態を明らかにするために、大きく2つのアプローチから分析を進めている。一つ目は、睡眠困難に関する研究動向に関する文献レビューである。第1章「現代の子ども・若者の睡眠困難に関する研究動向」、第2章「『発達障害と睡眠困難』に関する研究動向」、第3章「海外における『発達障害と睡眠困難』に関する研究動向」、第4章「当事者の手記にみる『発達障害と睡眠困難』の動向」において、国内外の研究及び当事者の手記に対する網羅的で詳細なレビューを行っている。二つ目は、睡眠困難の実態と支援ニーズに関する質問紙調査である。第5章「学齢の当事者調査から探る発達障害児の睡眠困難と支援ニーズ」、第6章「成人当事者調査から探る発達障害者の睡眠困難と支援ニーズ」、第7章「高等特別支援学校生徒調査との比較による発達障害当事者の睡眠困難と支援ニーズ」、第8章「高校生調査との比較による発達障害当事者の睡眠困難と支援ニーズ」、第9章「保護者調査から探る発達障害当事者の睡眠困難と支援ニーズ」において、質問紙を用いて入眠時の困難、睡眠中の困難、起床時の困難、日中の困難に関する膨大なデータを収集し、多面的な分析を行っている。これらの分析を通して、発達障害者は睡眠困難を抱えやすいこと、発達障害者の睡眠困難は当事者が感じているほどには保護者に認識されていないことが明らかにされ、さらに発達障害者の睡眠困難の背景要因の一つとして不安・緊張・恐怖・抑うつ・ストレス等が関連する可能性があると考察されている。本書の知見から、発達障害当事者の睡眠困難に対する支援方法の一つとして、睡眠困難に気付くとともに、その背景にある不安・緊張・恐怖・抑うつ・ストレス等を軽減するために、発達障害当事者

SNE ジャーナル，26(1)，2020

の声に今まで以上に耳を傾けることが重要であることが示唆されている。

　本書の最大の特徴は、当事者の声に対する「傾聴」の重要性を示している点である。当事者の声に耳を傾けることで、それまで気付かれにくかった発達障害者の困難の実態について明らかにするとともに、支援の方向性を示すことができることを本書は伝えている。しかし、本書は、発達障害者は不安・緊張・恐怖・抑うつ・ストレス等を抱えやすいため睡眠困難に陥りやすいという論理に少し偏っている印象が否めない。この論理は、「傾聴」を支持するのに都合が良いと思われる。筆者らも本文で言及しているように、発達障害者が示す睡眠困難の背景は多様であり、不安・緊張・恐怖・抑うつ・ストレス等の抱えやすさだけではなく、他の要因の影響も考えられる。例えば、メラトニン分泌の異常や社会的交流の乏しさなどのASDの障害特性や時間管理の苦手さや過集中傾向などのADHDの障害特性が、生活リズムに影響を与えることが指摘されている。したがって、発達障害者は障害特性が原因で生活リズムを作れずに睡眠困難に陥りやすく、結果として不安・緊張・恐怖・抑うつ・ストレス等を抱えやすくなるという論理も十分に考えられるのである。その場合に、重要な点は発達障害当事者が両方の視点（論理）に立つことができているかどうかである。もし、前者にしか気付いていなければ、当事者の声を傾聴しただけでは実態を十分に明らかにして必要な支援を行うことはできないだろう。後者の可能性にも気付いて、例えば自分の障害特性に応じた生活習慣形成の工夫を図れるように、支援者が対話を通して「助言」を行うことも重要であると考えられる。つまり、十分な支援が行き届かない背景には、周囲が本人を理解していないことだけではなく、本人が自己理解を十分にできていない可能性もあるのではないかということである。これらの両面の理解を促すアプローチを支持する知見を今後の研究に期待したい。とはいえ、本書を構成する研究は、公益財団法人未来教育研究所「第6回（平成28年度）研究助成事業奨励賞」、日本特別ニーズ教育学会奨励賞、公益財団法人発達科学研究教育センター「平成30（2018）年度発達科学研究教育奨励賞を受賞しており、発達障害当事者の睡眠困難とその支援ニーズに関して貴重な知見を提供するものであり、当該領域において基礎的研究に位置づくと評価される。

SNE ジャーナル, 26(1), 2020, 179 - 182

書評

堤英俊著

『知的障害教育の場とグレーゾーンの子どもたち
―インクルーシブ社会への教育学―』

（東京大学出版会、2019年）

評者：髙橋 智（日本大学教授・東京学芸大学名誉教授）

本書の特徴と意義

　本書は、著者の博士（教育学）学位論文「知的障害教育の場に転入した〈グレーゾーン〉の子どもの学校経験に関する研究：教師との相互行為に着目して」（東京大学大学院教育学研究科、2017年9月）の刊行である。

　本書は、日本のインクルーシブ教育への道筋を探る目的から、知的障害教育に転入した「グレーゾーン（軽度・境界域の知的障害・発達障害）」の子どもの学校経験と教師との相互行為、子どもの学校経験に影響を及ぼしている制度的・構造的条件について、知的障害特別支援学校・学級における長期間の参与観察と「グレーゾーン」の子ども当事者へのライフストーリー・インタビューを通して丁寧に解明している。それをふまえて「日本におけるインクルーシブ教育への道筋と着手点」として、「日本型インクルーシブ教育論」の「分離型システムの保存」でも「共生共育論」の「実現性の低い改革の方向性の誇示」でもなく、実現性の高い分離型システムの改革（＝脱周縁化・脱中心化）をボトムアップで地道に実行していく「第三の道筋」を提示している。

　とくに、知的障害教育の場において「グレーゾーン」の子どもたちが、教師との相互行為を積み重ねながら、様々な知恵・創意工夫・自己調整を働かせて、置かれている境遇やアイデンティティ葛藤に立ち向かい、したたかに生きている「日常世界」を、長期にわたるフィールド調査を通して丁寧に明らかにした点において、大きな学術的意義と独創性があると評価できる。

　本書は学界からもいち早く注目され、書評も『社会福祉研究』第136号（長瀬修氏）、『教育学研究』第87巻1号（堀家由妃代氏）、『障害者問題研究』第

48巻1号（河合隆平氏）等で相次いで取り上げられ（とくに河合氏の「知的障害のニーズに応じる教育の原理」に関わる書評は重要）、また本書に対して立命館大学生存学研究所「第5回（2019年度）生存学奨励賞」が授賞されている。本書の刊行時、評者はちょうど「知的障害教育の現在：その固有性と役割」という企画の最中であったが、著者が果敢に挑む「グレーゾーン」の子どもの生きる「知的障害教育の場の日常世界」の読み解きやインクルーシブ社会と「知的障害教育の場の存立」の葛藤の議論から大いに刺激を受けた。

本書の概要

　本書は「第Ⅰ部知的障害教育の場とは」「第Ⅱ部通常教育の場から知的障害教育の場へと流れ込む子どもたち」の2部構成であり、序章・終章を含めて全10章で構成されている。

　「第1章　知的障害教育の歴史：言説のヘゲモニー争いに着目して」では、戦前から現在までの知的障害教育の歴史が、知的障害教育の場の存立をめぐる言説（水増し教育論、教科教育論、生活主義教育論、発達保障論、共生教育論等）のヘゲモニー争いとして描かれる。

　「第2章『場の分離』を正当化するロジック：三木安正の精神薄弱教育論を手がかりに」では、戦後の知的障害教育の代表的論者である三木安正の「精神薄弱教育論」を取り上げ、「場の分離」を正当化するロジックについて示される。

　「第3章　通常教育の場と知的障害教育の場の関係性：学校教育システム上の協働・分業に着目して」では、通常教育と知的障害教育の場の関係性をめぐり、知的障害教育が通常教育から押し出される子どもの受け止め機能を十全に果たすことで、「均質性」「形式的平等と強い同調圧力」を前提とする「通常教育の場の文化」の存続を支えていることを明らかにする。

　「第4章　知的障害教育の場への流れ込みという社会的現象」では、近年、発達障害の子どもが知的障害教育の場へと転入する構造を「健常者として生きる走路（キャリア・トラック）から、知的障害者として生きる走路（キャリア・トラック）」への移動として示される。

　「第5章　知的障害教育の場へと転入したグレーゾーンの子どもの学校経験をつかむ方法」では、採用した調査方法（ライフストーリー・インタビュー、

参与観察等）と分析視点（子どもの生活戦略と教師の職務戦略の応酬）につい
て論じる。生活戦略とは置かれた条件の中で、状況を乗り越えようとして働く
様々な創意工夫・知恵のことである。

　「第6章　知的障害教育の場への転入と適応の過程Ⅰ：特別支援学級の事例」
では中学校特別支援学級に通う3名の事例、「第7章　知的障害教育の場への転
入と適応の過程Ⅱ：特別支援学校の事例」では特別支援学校中学部に通う3名
の事例を取り上げ、通常教育の場からの転出、知的障害教育の場への転入・適
応・進路選択等について一人ひとり検討し、例えば知的障害教育の場における
「自己の解放」「自己の無力化」等の意味づけについて描き出す。

　「第8章　知的障害教育の場へと転入したグレーゾーンの子どもの学校経験：
教師との相互行為に着目して」では、事例検討をふまえながら、「グレーゾー
ン」の子どもの生活戦略と教師の職務戦略の応酬の意味を明らかにする。すな
わち、子どもたちは置かれた制度的・構造的条件の中で生きるために、①学業
達成に対する教師の関心の薄さへの異議申し立て、②「グレーゾーン」のピア
グループへの参加、③通常教育の場との交流場面のやりすごし等の生活戦略を
行使した。一方で教師は、①子ども理解の共有、②密着的人間関係の構築、③
学業ニーズの受け流し、④「グレーゾーン」の子どもと中重度知的障害の子ど
もの差異化の後押し、⑤通常教育の場の子どものまなざし（脅威）からの庇護
等の「秩序維持＝適応促進」の戦略を行使した。教師は子どもと対立すること
を避け、子どものニーズを受け止めながら、彼らの社会的自立をめざすが、こ
うした教師の適応促進行為は「分離」された知的障害教育の場の維持や「周縁
化」メカニズムの一端を担っていると解釈する。

本書の課題

　著者は「日本におけるインクルーシブ教育への道筋と着手点」として実現性
の高い分離型システムの改革（＝脱周縁化・脱中心化）をボトムアップで実行
する「第三の道筋」として、「インクルーシブ教育への転換という目標を共有
して、通常の教育の場も知的障害教育の場もどちらも変革していくという道
筋」を提案している。

　この提案そのものはまさに正鵠を射たものであるが、特段に著者の新機軸と

いうことではない。周知のように、通常教育と障害児教育の双方の改革、その
ためのインクルージョンと特別ニーズ教育の促進は、1994年6月にスペインの
サラマンカにおいてユネスコとスペイン政府によって開催された「特別ニーズ
教育世界会議」と同会議にて採択された「特別なニーズ教育における原則、政
策、実践に関するサラマンカ声明」において示された基調と方向性である。

　この基調と方向性のもとに世界は動き、1995年に誕生した日本特別ニーズ
教育学会もまさに四半世紀にわたり追究してきた課題である（拙稿（2020）四
半世紀前の学会設立期をふりかえる：まえがきにかえて、髙橋・加瀬監修／日
本特別ニーズ教育学会編『現代の特別ニーズ教育』文理閣）。そのことへの言
及がないのは学術的視野とバランスを欠いており、日本特別ニーズ教育学会誌
における書評でもあることから、特にその不十分さを指摘しておきたい。

　その他、「知的障害教育の場」に関わり課題が散見されたが（知的障害の概
念・定義、戦前特別学級の知的障害対象規定、戦前教科研・城戸幡太郎研究の
典拠文献、三木安正評価等々）、丁寧な先行研究のレビューが求められる。

　いささか厳しいことを書いたが、著者の「現在進行形で稼働中の特別な教育
の場（あるいは通常教育の場）の内部に身を置き、そこに生きる当事者たちの
声に耳を傾けながら、日本におけるインクルーシブ教育のあり方を探究すると
いった、地に足の着いた未来志向の姿勢が必要ではないだろうか」には大いに
賛同する。

　評者は日々の当事者調査や子ども・若者の発達相談臨床において、作家・大
江健三郎氏が常々引用するフランスの哲学者シモーヌ・ヴェイユの言葉「注意
深くあること」「あなたはどこがお苦しいのですか」を羅針盤にしている。「あ
なたはどこがお苦しいのですか」とたずねながら、苦しんでいる子ども・若者
の声に注意深く耳を傾けることであり、子ども・若者の回復する力を信じて待
つことが、「政治やシステムの大きな話」に偏るのではなく、世界や未来を真
に回復させると考えている。

　著者の言う「生きる当事者たちの声に耳を傾け」ることや「地に足の着いた
未来志向の姿勢」と重なりはしないか。これを機会に一緒に考えていくことが
できれば幸いである。

2020年度日本特別ニーズ教育学会奨励賞について

2020年8月20日

日本特別ニーズ教育学会代表理事　加瀬　進

同　奨励賞選考委員会委員長　黒田　学

　2020年度日本特別ニーズ教育学会奨励賞につきまして、同学会奨励賞規程に基づき、『SNEジャーナル』第25巻1号に掲載された「原著」論文を対象に選考を行いました。

　同賞選考委員会による予備選考により授賞候補論文を選定した後、理事会（2020年8月12日開催）にて審議した結果、以下の2編の論文を2020年度日本特別ニーズ教育学会奨励賞授賞論文として決定し、伊藤駿氏と能田昴氏に日本特別ニーズ教育学会奨励賞を授与することとなりましたので報告いたします。

---

①授賞者　　伊藤駿

　授賞論文　伊藤駿「スコットランドにおける差異化の実践─多様な教育的ニーズへの応答の試み─」

②授賞者　　能田昴

　授賞論文　能田昴・髙橋智「1891（明治24）年濃尾震災と石井十次の震災孤児院・岡山孤児院における孤児救済・教育保護の課題」

　なお、例年実施している研究大会学会総会時における授賞式・受賞講演は、コロナ禍に伴う研究大会のオンライン開催・規模縮小等の事情のため実施できませんので、ご了承ください。

次号『SNEジャーナル』第27巻（2021年秋発刊予定）
への原稿募集

『SNEジャーナル』への投稿を歓迎します。

投稿資格、投稿原稿の種類、投稿要領などは「投稿規定」「執筆規定」をよく
ご覧下さい。投稿区分による原稿枚数や図表の扱いなど、規定を逸脱している
原稿が毎回何本か見られます。ご注意下さい。

なお、原著論文は、本学会の研究大会もしくは研究集会等で何らかの報告を
していることが望まれます。また、通常の学校・学級、特別支援学校その他の
教育機関や相談機関における、特別な教育的ニーズをもつ子ども・青年・成人
にかかわる教育実践の研究・報告なども歓迎します。

投稿原稿は複数の編集委員・編集協力委員が査読し、査読結果に基づいて編
集委員会が採否を決定します。

投稿期日につきましては、2021年4月下旬を予定しておりますが、
詳細は今後の理事会で決定いたします。会員の皆様には、ホーム
ページや事務局便り等にて、年度内に詳細をお知らせいたします。

日本特別ニーズ教育学会
機関誌『SNEジャーナル』編集委員会

◆編集委員会 E-mail : hensyu@sne-japan.net
◆投稿原稿等送付先（郵送分）：金沢大学人間社会研究域　田部絢子研究室
　　　　　　　　　　〒920-1192　石川県金沢市角間町
　　　　　　　　　電話：076-264-5516（研究室直通）
　＊編集委員会へのお問い合わせはメールでお願いいたします。

SNEジャーナル編集規定、編集委員会規定、投稿規定及び執筆規定

編集規定

1．本誌は「日本特別ニーズ教育学会」(略称SNE学会) の研究誌であり、誌名を『SNE ジャーナル』とする。当分の間、原則として1年1巻とする。

2．本誌は、本誌の性格にふさわしい未発表の原著論文、実践研究、資料、報告、会報、その他で構成する。実践研究も、その実践及び研究が明確な仮説に基づいておこなわれ、論文が論理的に構成されているものは、原著論文として扱う。

3．出版形式は印刷によるものとするが、DVD出版（原稿を単純にテキスト・ファイルに変換しただけのもの）も用意し、希望者に有償で頒布する。

4．本誌に投稿できる者は、編集委員会の依頼による者以外は、本学会の会員に限る。ただし、常任編集委員会が認めたものはその限りではない。なお、著者全員が本学会の会員であり、年度会費を納入済みであること。

5．本誌に投稿しようとする会員は、所定の投稿規定に従うものとする。

(2017年2月5日　理事会承認)

編集委員会規定

1．機関誌『SNEジャーナル』編集委員会（以下、「編集委員会」という）は、本学会の機関誌『SNEジャーナル』の編集ならびに発行に関わる業務を行う。

2．編集委員会は理事をもって構成する。

3．編集委員会には、編集委員の互選による編集委員長および副編集委員長を置く。編集委員長は編集委員会を代表し、機関誌の編集・発行にかかわる一切の業務を統括する。副編集委員長は編集委員長を補佐し、編集委員長事故ある場合には、その職務を代行する。

4．編集委員の任期は3年とし、再任を妨げない。

5．編集委員会は、編集委員長がこれを開催する。

6．編集委員長は、編集委員会の運営に関し、適宜、理事会に報告する。

7．編集委員会は、必要に応じて、編集協力委員を委嘱することができる。編集協力委員は編集委員会から委嘱された論文の審査に加わる。

8．編集委員会は、その業務を補佐するために編集幹事をおくことができる。編集幹事は、編集委員会の議を経て、編集委員長がこれを依嘱する。

9．この規定の改定は、理事会で承認を得るものとする。

（2017年2月5日　理事会承認）

投稿規定

1．論文投稿者は本会会員に限られる。

2．投稿原稿は未発表のものに限る。

3．本誌には特別ニーズ教育に関する未公刊の和文で書かれた原著論文、実践研究論文、資料論文、報告などオリジナルな学術論文を掲載する。

 （1）原著論文は、理論、実験、事例等に関する研究論文とする。

 （2）実践研究論文は、教育、福祉などの実践を通して、実際的な問題の究明や解決を目的とする研究論文とする。

 （3）資料論文は、原著論文に準じた内容で、資料性の高い研究論文とする。

 （4）報告は、特別ニーズ教育に関する課題について報告する論文とする。

 （5）上記論文のほか、特集論文を掲載する。

4．原著論文・実践研究は、図表をふくめて、400字詰め原稿用紙換算で50枚以内（英文抄録が必要）とする。資料は、同じく400字詰め原稿用紙換算で30枚以内（英文抄録が必要）とする。報告は、同じく400字詰め原稿用紙換算で30枚以内（英文抄録は不要）とし、その他の投稿区分が必要な場合には編集委員会が判断する。

5．原稿は全てPCによりA4判に40字×30行でタイプし、使用したソフトウェア等については所定の書式による投稿カード及び投稿チェックリスト、著作権に係る承諾書を添付すること。表紙には論文種別（投稿区分）、論文題目、キーワードを記載し、投稿者名は書かないこと。図表等は、そのまま複写ができるように、本文とは別途に実寸で作成したものを添付し、本文原稿中に印刷箇所を指示すること。図表等の印刷費は、原稿執筆者に別途負担を求めることがある。規定に従い作成した原稿は1部を郵送する（簡易書留等）とともに電子メールにてPDFとして送付すること。

6．文献及び注の記載は執筆規定によるものとする。

7．投稿原稿には、題目・氏名の英文表記を付けるものとする。

8．原著論文、実践研究、資料には、執筆者の責任で3〜5項目のキーワード（和文・英文）を付けるものとする。

9．投稿原稿（報告を除く）には、本文とは別に、英文で300ワード程度の抄録を付け、その和文訳を添付するものとする。執筆者の責任で正確な英文にして提出すること。なお、英文以外を認めることがある。

10．日本語を母語としない投稿者が投稿する場合は、英文での投稿を認める。その際には、400字程度の日本語による抄録を付けるものとする。なお、英文以外を認めること

もある。

11. 原著論文および実践研究論文は、その論文内容に関する研究成果を投稿以前もしくは当該年度の本学会大会にて発表することを要する。

12. 投稿者は本学会の「倫理綱領」及び日本学術会議「科学者の行動規範改定版」を遵守し、投稿論文の内容について十分に人権及び研究倫理上の配慮をしなければならない。また、研究実施の際に配慮した研究倫理に係る事項があれば、論文中に記載すること。

13. 印刷の体裁、その他は編集委員会が決定する。

14. 投稿原稿は、返還しない。

15. 『SNEジャーナル』掲載原稿の著作権は、学会に所属するものとする。

（2017年2月5日　理事会承認）

執筆規定

1. 表記については新仮名遣い、当用漢字、算用数字の使用を原則とするが、歴史的史資料等についてはこの限りではない。

2. 外国語の表記については次のいずれかに統一する。

　　①外国人名・地名等の固有名詞以外は訳語を用い、必要な場合にのみ初出の際だけ原語を付する。

　　②すべて訳語を用い、必要な場合にのみ初出の際だけ原語を付する。

3. 註記については最後にまとめ、引用文献も含めて本文中に1) 2) 3) のように連番で明示すること。文献記述の形式は次のとおりとするが、全体が統一されていれば、発行年を著者名の直後に（　）で挿入してもよい。

＊雑誌の場合は、著者名、題目、雑誌名、巻号数、発行年、論文所在頁、単行本の場合は著者名、書名、発行所、発行年、引用該当頁、とし、共著単行本の場合は雑誌に準ずる形式とする。

例）

Rosenqvist, Jerry: Special Education in Sweden. *European Journal of Special Needs Education*, Vol.8, No.1, 1993, 59-73.

荒川智『ドイツ障害児教育史研究―補助学校教育の確立と変容―』亜紀書房、1990、35-48。

清水貞夫「障害児義務教育制度の直面する問題」茂木俊彦・清水貞夫編著『障害児教育改革の展望』全障研出版部、1995、97-166。

（2017年2月5日　理事会承認）

「日本特別ニーズ教育学会」会則

第1条（名称）

　本会は、日本特別ニーズ教育学会（略称「SNE」学会）と称する。英語表記を"Japanese Society for Special Needs Education" とする。

第2条（事務局の所在）

　事務局は、東京学芸大学におく。

第3条（目的）

　本会は、特別ニーズ教育に関する理論的・実践的研究を通して、学習と発達への権利に関する教育科学の確立を期する。

第4条（事業）

　本会は次の事業を行う。

　　1　研究大会の開催。研究大会の開催にかかる規定は別に定める。
　　2　研究誌の発行。研究誌の発行は編集委員会が担当する。
　　3　研究委員会の組織。研究委員会は理事会が決定する。
　　4　研究成果に基づく図書などの刊行。
　　5　国際的な学術交流、共同研究の推進。
　　6　その他、本会の目的を達成するために必要な事業を行う。

第5条（会員）

　本会の目的に賛同し、その目的追求に参加する意志を有する者は、会員となることができる。入会にかかる規定は別に定める。

　　2　本会の運営・発展に大きな功績を残した会員を「名誉会員」とすることができる。名誉会員にかかる規定は別に定める。

第6条（会員の権利）

　　1　会員は、本会の事業に参加することができる。
　　2　会員は、総会に出席して意見を述べ、議決に参加することができる。
　　3　会員は、研究大会において発表することができる。また、研究誌に投稿することができる。

第7条（総会）

　本会の最高議決機関は総会である。定期総会は年1回開かれる。臨時総会は、理事会が
これを招集する。理事会は、会員の3分の1以上の署名による要求があるときは、総会を
招集しなければならない。

　総会における審議事項は別に定める。

第8条（役員）

　本会に次の役員を置く。

　　1 理事。

　　(1) 理事の任期は3年とし、連続する任期は6年までとする。理事の選出は、会員の
　　　　選挙による。選挙の方法は別に定める。

　　(2) 理事会における選挙により代表理事を選出する。

　　(3) 代表理事の指名により副代表理事を置くことができる。副代表理事は、代表理
　　　　事を補佐または代行する。

　　2 事務局長及び幹事。事務局長及び幹事は理事会が委嘱する。

　　3 会計監査。会計監査は理事会が委嘱する。

　　4 必要に応じて評議員を置くことができる。評議員は理事会が委嘱し、評議員にか
　　　　かる規定は別に定める。

第9条（理事会）

　　1 理事は、理事会を組織し、本会の会務全体を総括する。

　　2 理事会の議長は代表理事が務める。

第10条（事務局）

　本会に事務局をおき、事務局長と幹事で構成する。事務局は会の事務処理を行う。

第11条（会計）

　　1 本会の経費は、会費、寄付金、補助金、印税その他の収入により賄う。

　　2 会費は、年額7000円とする。

　　3 会計年度は、毎年4月1日から翌年の3月31日までとする。

第12条（会則改正）

　本会則の改正は、総会において3分の2以上の同意によって行われる。

第13条（細則）
　　1 本会の運営を民主的かつ円滑にするために、別に会則細則を定めることができる。
　　2 会則細則の決定および改正は理事会の承認による。

付則　本会の会則は、1995年11月25日より施行する。
付則　本会の会則は1999年11月7日に改正する。
付則　本会の会則は2007年10月20日に改正する。
付則　本会の会則は2009年10月17日に改正する。
付則　本会の会則は2012年10月21日に改正する。
付則　本会の会則は2013年10月20日に改正する。
付則　本会の会則は2016年10月16日に改正する。

SNE JOURNAL Vol.26 No.1

Contents

SPECIAL ISSUES : Special Needs Education in the Context of Disabilities:
Intersection of Disabilities Theory and Needs Theory

edited by
Japanese Society for Special Needs Education

The Needs and Support in The Educational Field of
Children with Profound Intellectual and Multiple Disability

WATANABE Ruriya

Regarding the needs and instruction/support in the educational field of children with profound intellectual and multiple disability, this paper examined future issues from research on three keywords. The first is "utilization of ICT for children with profound intellectual and multiple disability". In recent years, various ICT devices have been used in the field of school due to the progress of IT, and there are reports that ICT has been utilized in teaching and supporting children with profound intellectual and multiple disability. From the research report on the use of ICT for communication support and distance education, we examined the problems in using ICT for children with severe disabilities. The second is "medical care for children with profound intellectual and multiple disability". Since the number of children who need medical care is increasing due to the progress of medical technology, the issues that should be dealt with at the school site were examined focusing on the school system and educational support. The third is about "children with profound intellectual and multiple disability enrolled in elementary and junior high schools." Since the construction of an inclusive education system has been promoted and the number of children with profound intellectual and multiple disability enrolled in elementary and junior high schools is increasing, we examined the issues for providing high-quality inclusive education based on the research report. From these, the common issue was to enhance and secure the expertise of teachers involved in children with profound intellectual and multiple disability. Since the place of education for children with profound intellectual and multiple disability extends not only to special needs schools but also to elementary and junior high schools, it is hoped that any type of teacher will conduct research aimed at developing a mechanism for securing the expertise of teachers.

Needs and Support for Hearing and Learning of Hearing Impaired Children.

OSHIKA Aya   WATANABE Anna

In this paper, we have summarized current situation and points to be improved in educational and medical fields concerning hearing-impaired children. The introduction of newborn hearing screening test enabled early detection and early intervention for hearing-impairment, and nowadays, development of the gene diagnosis and regenerative medical treatment field is anticipated. Along with this, insertion of hearing aids and cochlear implants has been accelerated, and the effect of language development promotion has been shown. On the other hand, it is important to provide a wide range information and parenting support, including deaf culture such as sign language. This indicates the role of early intervention taken place in schools for the Deaf is becoming even more essential. In terms of school selection, choices are increasing due to the expanse of idea of inclusive education and diversification of communication methods. Under such circumstance, further practice of cooperative education which children with and without disabilities are able to learn from each other is indispensable. Ensuring the expertise of teachers has been an issue, but we would like to support children from multiple angles by cooperating with other institutions, such as the center function of special needs schools. Furthermore, it is pointed out that there are children who need support from aspects besides hearing-impairment, and more diverse learning methods are required.

Special educational needs in children with intellectual disabilities and its psycho-educational intervention

IKEDA Yoshifumi

This article discussed how special educational needs in children with intellectual disabilities should be assessed and intervened. First, I reviewed recent findings showing that number of students with intellectual disabilities have been increasing for the past decade and that not a few of children with intellectual disabilities have comorbid developmental disorders and mental disorders, thus indicating the diversity of children with intellectual disabilities. Also, I reviewed the multidimensional approach to intellectual disabilities and clarified heightened interests toward adaptive behavior, one of the diagnostic criteria for intellectual disabilities. Furthermore, I reviewed the plausible relationship between adaptive behavior and executive functions and between challenging behavior and attachment disorder in children with intellectual disabilities. Finally, I suggested the importance of holistic assessment based on the bio-psycho-social model including executive functions and attachment disorders and collaboration among experts including psychologists.

Contemporary specialization and issues in education for students with health impairments

TANAKA Ryo

Based on the issues of our education for children with physical difficulties, which has received much attention in recent years, we have questioned the specialization of this form of education and discussed directions for further development. It has been suggested that the cooperation between independent activities and academic learning in special-needs schools and special-needs schools for the physically weak and sick, and the establishment of teaching methods for children with psychosomatic diseases and mental illnesses, should be based on the premise of multidisciplinary cooperation, including the cooperation between medical care and education, and on the basis of learning activities for independent activities, to develop academic and life skills for the future despite having a disease. In addition, it was suggested that it is necessary to build up a support and training system for sick children in regular classrooms, conduct remote classes through the development of an ICT network environment, and expand education for sick high school students as a new specialty.

198　　　　　　　　　　SNE ジャーナル, 26(1), 2020

Educational Reform and Organizing Special Classes for the Students with Various Educational Difficulties by Tokyo City Department of Education in the Early Showa Era

ISHII Tomoya　　　　TAKAHASHI Satoru

In this paper, we considered the actual situation of the educational reform and organizing special classes for students with various educational difficulties by the Tokyo City Department of Education in the early Showa era.

After the Great Kanto Earthquake in 1923, the government of Tokyo City promoted the educational reconstruction projects. Then the expansion of school hygiene, improving the research function of "teacher training center," and special class restoration / reconstruction project were carried out as part of that educational reconstruction projects.

Tokyo City Department of Education clarified the disease and health problems of students through the various surveys, and the results of each surveys led the maintenance of school hygiene facilities, promotion the placement of school nurses and implementation of school meals. Further, special classes and schools were established according to the sickness and disabilities of students, such as "Nursing class" for students with physical weakness, "the Koumei special school" for students with physical disabilities and the class for students with low vision.

Educational supports were implemented in response to the various difficulties of students with poverty, child labor, illness and delinquency through the development of intelligence test and organization of special class implemented by Tokyo City Department of Education and "Hojo-gakkyu-kenkyu-ka" (research institute for special classes by teachers). In those measurements, Shinji Honda and Shinichiro Fujioka, school inspectors of Tokyo City, played important and central role.

The actual situation of damage to children and schools in Aichi Prefecture due to the Nobi Earthquake (1891) and efforts to reconstruction of education system

NODA Subaru   TAKAHASHI Satoru

In Japan, the socially vulnerable people had been driven into harsh situation at every historical disaster. The Nobi Earthquake occurred in October 28, 1891 with its seismic center around Gifu and Aichi Prefecture gave great impact to Japanese society during the middle of Meiji period. In this paper, we focused on the case of school education in Aichi Prefecture, which was damaged by the Nobi Earthquake (1891), and clarified the actual situation of the disaster damage to educational system and the position of children's lives exposed during reconstruction efforts.

According to the historical documents of the School Education Division of Nishikasugai-gun, the actual situation of children who were unable to attend school, injuries of their families, and further deterioration of poverty were reported. Also, as for the order of describing in the historical documents of the School Education Division in Niwa-gun, the safety of the "Imperial Rescript on Education" was given priority over the safety of the children's lives. It proves that the "Imperial Rescript on Education", a device for training the students, was already functioning strongly at this time. This gives a clear picture of what was prioritized in school education at the time and the perspective on children.

As a remaining issue of this research, it is necessary to continue to investigate the actual situation of children in poverty who have been unable to attend school due to the Nobi Earthquake.

Current Status and Issues on the Use of Social Media by Children and Youth with Developmental Disabilities:
from a Survey of Person Concerned

SHIBATA Mao　　　HIRAI Yumi　　　TAKAHASHI Satoru

In this paper, we examined the actual situation on use of social media by persons with developmental disabilities through a survey of children and youth with developmental disabilities. Responses were obtained from 140 persons who had a diagnosis / judgment of developmental disabilities (27 elementary school students, 17 middle school students, 30 high school students, 66 university students and above). The survey period was from November 2019 to January 2020.

In modern children and youth, the use of social media is commonplace, and its overuse is a problem. Therefore, in many question items, no significant difference was found between the group of people with typical development and those with developmental disabilities. On the other hand, by using SNS, persons with developmental disabilities alleviate the pain that they experience because they cannot get enough understanding and support in their daily lives and deal self-affirmation, approval from others, loneliness and isolation. It was speculated that these were causing overuse of social media by the parties. It was also suggested that people with developmental disabilities managed to live while using social media even though they had many "anxiety, tension, fear, depression and stress".

A Study on the Actual Condition and Problems of Learning Support for Students with Physical Disabilities Enrolled in High School: Through a Questionnaire Survey to Class Instructors

TAKANO Yousuke   GOSHIMA Osamu

The purpose of this study is to clarify the problems and challenges of learning for the students with physical disability by conducting a questionnaire survey to high school teachers who were in charge of the classes.

As a result, teachers such as home economics and health and physical education with practical skills devised teaching materials, teaching tools, and rules so that they could do what they could. In such a situation, grade evaluation was performed by submitting a report or by taking measures according to the ability of the individual, and even in the same subject, there were variations in the evaluation criteria depending on the teacher. In addition, some teachers have doubts about the fairness of grade evaluation, and in the future, we will consider the formation of an educational curriculum that can be widely worked by students with physical disability. It is necessary to develop a standard for assessing individual growth that does not cause excessive inequality in evaluation with other students, and to understand how to deal with it. There were not many opinions about the points that could not be dealt with in terms of learning. For that reason, the first point is that about 80% of the teachers had experience with students with physical disability before engaging in each case, and it is speculated that this allowed them to respond flexibly. Secondly, more than 80% of the teachers were satisfied with the support provided by the support staff, which was regarded as indispensable. It is also expected that the support staff provided full support to students with physical disability, and the teachers were able to engage in the lessons as usual, so there was less difficulty in supporting the learning. On the other hand, as an issue for utilizing supporters, there was an opinion that it should be considered how to provide support considering the independence of students with physical disability.

202

編集後記

　理事会・編集委員会体制（第9期）が新しくなりました。どうぞよろしくお願いいたします。

　前期の第8期理事会・編集委員会において「編集協力委員制度」を設け、投稿論文の増加傾向と幅広い研究テーマに対応し、より精度の高い査読を行えるように努めています。投稿論文の内容に応じて、編集委員会より学会員の方々に「編集協力委員制度」による査読の依頼をしています。

　皆さまにおかれましてはピア・レビューの意義をご理解いただき、お引き受け下さいますよう、よろしくお願い申し上げます。今号におきましても、18名の方々に編集協力委員をお引き受けいただきました。ここに記して御礼申し上げます。

　本学会は、昨年の日本特別ニーズ教育学会第25回研究大会（2019年10月、長崎大学）において創設25周年を迎えることができました。四半世紀にわたり、多様な発達困難・支援ニーズを有する子どもの発達と教育の権利保障に関する研究を積み重ね、とくに「当事者の声と参加」を大切にしてきました。

　四半世紀の議論の蓄積を踏まえ、本誌第26巻の特集は「『障害』から問い直す特別ニーズ教育—障害論とニーズ論の接点—」としました。本学会の掲げる「特別ニーズ教育」は何を目指すのか、今後の展望をどのように描くのか。前号に引き続き、皆様とともに考えていく機会となれば幸いです。

　本誌第26巻には、多くの投稿論文のうち数回の査読を経て原著2本、資料2本、報告4本、合計8本を掲載することができました。前期理事会において設けられた「日本特別ニーズ教育学会奨励賞」授賞や「若手チャレンジ研究会」の開催以降、とくに原著論文・実践研究の投稿数が急増しています。今後も引き続き研究的挑戦を支援していくことができるよう、理事会・編集委員会においても研究支援システムを改善していく予定です。

　ご投稿いただいた皆様、特集・書評・査読等をご担当いただきました皆様に感謝いたします。また、本誌の刊行を26年間の長きにわたってご担当いただいております文理閣の山下信編集長に、厚く御礼申し上げます。

（編集幹事　田部絢子）

『SNE ジャーナル』第 26 巻 第 1 号
「障害」から問い直す特別ニーズ教育

2020 年 10 月 30 日発行

編集者　日本特別ニーズ教育学会『SNE ジャーナル』編集委員会
　　　　　　　　　　（編集委員長　澤　隆史）
発行者　日本特別ニーズ教育学会
　　　　　　　　　　（代表理事　加瀬　進）
発行所　図書出版　文理閣
　　　　京都市下京区七条河原町西南角　〒 600-8146
　　　　電話 075（351）7553　FAX 075（351）7560
ISBN 978-4-89259-879-1
ISSN 1343-3288

日本特別ニーズ教育学会事務局
　　〒 156-8550　東京都世田谷区桜上水 3-25-40
　　日本大学文理学部総合文化研究室
　　　　田中　謙　jimukyoku@sne-japan.net